觉醒之后

［美］阿迪亚香提 著　李思坤 译

Uncensored Straight Talk on the Nature of Enlightenment
The End of Your World

华夏出版社
HUAXIA PUBLISHING HOUSE

图书在版编目（CIP）数据

觉醒之后/（美）阿迪亚香提著；屠永江译.—北京：华夏出版社，2015.3
（2025.10重印）

书名原文：The End of Your World: Uncensored Straight Talk on the Nature of Enlightenment

ISBN 978-7-5080-6481-9

Ⅰ.①觉… Ⅱ.①阿…②屠… Ⅲ.①人生哲学—通俗读物 Ⅳ.①B821-49

中国版本图书馆CIP数据核字（2015）第019103号

版权所有，翻印必究
北京市版权局著作权登记号：图字01-2011-2225

The End of Your World:Uncensored Straight Talk on the Nature of Enlightenment by Adyashanti.
©2010,2008 by Adyashanti.
All rights reserved.
Simplified Chinese Copyright © Huaxia Publishing House2015

觉醒之后

作　　者	[美]阿迪亚香提
译　　者	屠永江
责任编辑	王占刚　陈　迪
出版发行	华夏出版社有限公司
经　　销	新华书店
印　　刷	三河市少明印务有限公司
装　　订	三河市少明印务有限公司
版　　次	2015年3月北京第1版　2025年10月北京第7次印刷
开　　本	710×1000　1/16开
印　　张	12.5
字　　数	130千字
定　　价	39.00元

华夏出版社有限公司
网址：www.hxph.com.cn　地址：北京市东直门外香河园北里4号　邮编：100028
若发现本版图书有印装质量问题，请与我社营销中心联系调换。电话：（010）64663331（转）

目录

觉醒不是天堂 孙霖 / 001

编者序 / 001

第一章 探索觉醒之后的生活 / 001

　　觉醒之后,我们还是活在那个世界中;只不过我们知道自己不再受特定的身体或人格的局限,我们与周围的世界并不是分离的。

第二章 真正的觉醒及随之而来的困惑感 / 013

　　当一个人真正觉醒时,当一个人已经超越了二元性的帷幕时,在其他人看来显得迥然不同、相互分离的事物,在他眼中都是一样的。

第三章 "我得到了,我失去了" / 025

　　生活是灵修的试金石。生活会让我们看到自己在哪些方面依然存在困惑。与生活以及其他人打交道,会让我们清楚地看到我们依然会被哪些东西绊住。

第四章 我们通过体验束缚获得解脱 / 045

　　幻觉本身——我们紧抓着不放的信念——正是通过自由的大门进来的。我们只需要穿越它们,而不是紧抓不放或把它们推开。我们不可相信它们,但也不可逃避它们。

第五章 彻底不再隐藏 / 055

　　不诚实地面对他人和生活中的状况,等于是在抑制我们对真实自性的表达。最终,我们必须看到真理本身是最高的善,真理本身是爱的极致表达和展现。

第六章 一些常见的错觉、陷阱与固着点 / 071

　　如果你在觉醒之后,发现自己产生了一种优越感,不要试图推开它。不要试图推开任何负面的东西。但也不要喂养它。只需要看清它的本来面目。这是最重要的事情。

第七章　生活是一面帮助我们觉醒的镜子 / 089

神性本身便是变化莫测的生活。神性正在利用我们生活中的境遇来实现自己的觉醒，而很多时候只有艰难的处境才能唤醒我们。

第八章　觉醒在能量层面上的表现　　/ 103

当我们处在高度觉察的状态中时，身心的各种障碍（内在的堤坝）就被打开了。而当它们打开时，身心就会释放出巨大的能量。

第九章　当觉醒穿透头脑、心脏与腹部时 / 113

只有在我们彻底释放之后，真相的光明才能毫无扭曲地透射出来。

第十章　努力还是恩典？ / 139

你在灵性道路上迈出的每一步都是一次练习臣服的机会。

第十一章　自然的存在状态 / 145

开悟只是一种自然的存在状态。

第十二章　婚礼的故事 / 153

就算我想回去，想继续以过去的方式看待事情，我也做不到。

第十三章　阿迪亚香提访谈 / 157

死亡本身就是生命。我们必须死去才能真正活着。

关于作者 / 189

觉醒不是天堂

很多人认为觉醒是件一劳永逸的事情，是一个到达后就高枕无忧的天堂。而阿迪亚香提以平实、睿智而又现代的语言告诉我们，这是一个我们因一厢情愿而导致的误会。

对于觉醒，他给出了一个非常精辟的比喻：在日常状态下的我们就好像开车在高速路上飞驰，一时的觉醒就好像我们突然把脚从油门移开，并且意识到周遭的一切都无法界定自己，从而停止为分裂的状态添加燃料。但经历一次某种程度的觉醒后，我们的模式依然在，我们的小我依然在运作。车子仍旧会依照"业报惯性"继续向前。我们会情不自禁地通过对想法、情绪以及生活中一切的认同和笃信来继续加油，直到下一个觉醒的时刻出现。

一次觉醒向我们展示了一种我们能够达到的可能性，让我们尝到了处于高等意识状态的滋味，并且为我们以后的努力提供了一个参照点。

觉醒也会带来相应的"麻烦"：你可能会由此有了优越感，陷入人生失去意义的低迷状态，或是陷入对高等意识状态的执著。而阿迪亚香提告诉我们：觉醒意味着放弃自己对于一切的执著，不再相信小我编织的任何谎言，哪怕是那些与觉醒有关的谎言。我们愿意相信那些谎言，是因为我们需要靠它们来加强小我。当我们这么做时，必然不会具有觉醒所必须的臣服心态。因此，想要觉醒，我们还必须具有真正的臣服的品质。阿迪亚香提在书中也提到：觉醒意味着与无法避免的任何事情无条件地合作。这正是对这种臣服的品质所做的最好描述。

很多人认为我们所受的制约，是我们觉醒的障碍，觉醒就是要将它们清除掉，让它们土崩瓦解。其实，也正是这些制约构成了我们的个体性，正是这些制约为我们的觉醒提供了机会。我们觉醒的努力就是要通过挣扎来获得自由，摆脱这些制约的控制，而非要将它们彻底消除。

阿迪亚香提告诉我们，在觉醒后，这些制约、这些模式依然存在。大师与一般人的区别在于，他们不仅不会像一般人那样受限于这些制约，而且会在刹那间洞悉到这些都是幻觉，从而彻底看透它们。于是，这些制约也会立刻消退。

觉醒不是一件一劳永逸的事，它的效果可能只会持续一瞬间，它能维持的长度并不依靠我们的意志力，我们无法通过努力来让它延续。但我们可以不断地做出觉醒的努力，不断地，毫不气馁地一再重新来过，将焦点放在付出努力，而非对结果的执著上。这种心态就是一种觉醒。

书中像上述这些中肯、智慧的分享比比皆是。阿迪亚香提作为一个这条路上的过来人，像个经验丰富的向导一样，耐心细致而又慈悲地为我们指路。但作为一位真正的大师，他仍旧鼓励我们自己去尝试、去聆听内在的声音，去找到自己内在的指引，独立地走上觉醒之路。

说一千道一万，如果你没有为觉醒付出过真诚的努力，乃至有过某种程度的觉醒体验，那么本书中所探讨的一切都将只是一种理论上的探究，而不会对你有实质的帮助。你能从中获得什么样的共鸣，什么样的收获，就是对你修行程度的一个精确验证。

孙霖
身心灵导师
北京第四道团体创始人

编者序

我在2004年秋第一次遇见阿迪亚香提时，就被他关于灵性觉醒的独到而新颖的教导深深打动。尽管他尊重自己的禅宗传承，但他同时也强调，为了获得觉悟，一个人不应该依赖某个特定的老师或方法。相反，他谈到依靠我们自己的直接经验、勇敢无畏地探索我们自己的实际生活是多么重要。他还一直强调，认为灵性觉醒是一个只有少数几个人——比如像那些在岩洞里打坐几十年或穿着特殊法衣的人——才能获得的罕见体验，这简直就像是一个神话。他进一步指出，认为觉醒是非常罕见的这一想法，事实上会阻碍那个让我们自己发现真理的过程，因为我们相信的这个局限并不是真的，而是我们自己强加给自己的。

现在看来，我认为阿迪亚是从一个正坐在灵性浪潮的浪尖上的视角出发说这番话的；这股浪潮即将席卷我们的一生。正如阿迪亚在本书的第一章里所指出的那样，越来越多具有各种不同背景和灵修经验的人正在开始把"灵性觉醒"（深刻地觉悟到我们的真实自性是一体生命）当成他们生命中最重要的转变。在过去的几年里，人们对觉醒的可能性的集体看法似乎发生了很大的改变；灵性觉醒不再是灵修高人们的专利，突然间它成了我们所有人都有可能获得的经验。

作为一个在过去20多年里一直致力于传播灵性智慧的出版商，我既对这股全新的觉醒风潮感到异常欣喜，又对伴随着觉悟这个观念而来的种种困惑、误解与扭曲感到有点担心。首先，不同的人提到"觉醒"这个词时，他们所指的意思往往大相径庭。我经常想，人们是否不仅理解通过这个过程他们会获得什么，而且也理解他们会失去什么——后面这一点或许更为重要。另外，随着灵性觉醒已经变得越来越普遍，我曾见过许多从小我的视角来谈论自己的觉醒经验，他们把觉醒占为己有，觉得自己比其他人更好、觉醒程度更高。最让我感到不安的是，有那么多人对任何不符合他们心目中觉醒之人的理想形象的经验——无论是愤怒、抑郁还是家庭困扰——一概加以否认。

大约在一年多之前，我给阿迪亚打电话抱怨这个现象——许多人似乎误解了灵性觉醒，事实上他们正在借着觉醒的名义使自己远离生活中一刻接一刻的经验。阿迪亚告诉我，他事实上正在对这个主题进行大量的阐述——在最初的觉醒经验之后有可能出现的误解、陷阱以及错觉。我立刻怀着极大的热情问阿迪亚是否愿意对这个主题做一次系列性的讲座，这样真音出版社就能以音频与文字的形式出版这些教导。他同意了，其结果就是你手中的这本书：《觉醒之后》。

正如阿迪亚在第一章里所说的那样，市面上专门为那些已经有过最初的觉醒经验，并想要理解这个觉醒过程如何继续和展开的人提供指导的资料少得可怜。愿这本书能成为你生命中这趟最大冒险之旅的实用向导和催化剂。

塔米·西蒙
真音出版社
2008年6月

第一章　探索觉醒之后的生活

觉醒之后,我们还是活在那个世界中;只不过我们知道自己不再受特定的身体或人格的局限,我们与周围的世界并不是分离的。

今天，世界上正在发生一个非同寻常的现象。有越来越多的人正在觉醒——对生命的实相有过真实的惊鸿一瞥。我的意思是，人们似乎正越来越频繁地经验到特殊时刻，在这些时刻中，他们从自己熟悉的自我感、熟悉的世界观中觉醒过来，进入更大的实相中——这个境界远远超越了他们所熟知的任何事物。

这些觉醒的经验因人而异。在有些人身上，觉醒会持续很长一段时间，而在其他人身上，觉醒则非常短暂——它很可能稍纵即逝。但是就在那个瞬间中，整个"自我感"消失了。人们对世界的看法突然改变了，他们发现自己与世界之间不再有任何分离感。我们可以把这个经验比作从梦中醒来——在从梦中惊醒之前，你甚至都不知道自己是在做梦。

在我早期的教学生涯中，大部分来找我的人都在寻求这些深层次的灵性觉悟。他们正试图从自己想象出来的局限、孤立的自我感中觉醒。这种渴求是所有灵性追寻背后的动力：为我们自己去发现内心直觉中的真相——生命不只是我们表面上所看到的样子，它蕴藏着更深的奥秘。

但是随着时间的推移，有越来越多来找我的人已经瞥见了这个更大的实相。本书的教导正是为他们而写的。

觉醒的曙光

在传统上，我谈论的这个探索被称为灵性觉醒，因为一个人从自我头脑所营造的分裂之梦中觉醒过来了。我们认识到——通常是在相当突然的情况下——我们的自我感并不是真正的自己；这个自我感是我们的想法、信念与意象所造成的。它无法界定我们，它没有中心。自我或许以一系列转瞬即逝的想法、信念、行动与反应的形式而存在，但是它自身并没有身份。其实，我们对自己以及世界的所有看法，只不过是对事物本来面目的抗拒。我们所称的自我不过是一个头脑的机制，用来抗拒生活的本来面目。从这个意义上来说，自我并不是一个东西，而是一个动词。它是对事实真相的抗拒。对于事实真相，它要么推开，要么拉拢。这种趋势、这种紧抓与抗拒，形成了一个与我们周围的世界相互分离的自我感。

随着觉醒的降临，这个外在世界开始瓦解。一旦我们丧失了自我感，那种感觉就像是我们丧失掉了自己曾经熟悉的整个世界。在那一刻——无论那是对实相的惊鸿一瞥，还是更持久的觉醒——我们突然无比清晰地认识到，我们的真实自性根本不是那个渺小的自我感；不是那个我们一度自以为是的自我。

觉悟到真理或实相是一件很难谈论的事情，因为它完全无法用语言来描述。不过，我们还是可以探讨通往真理之路上的路标。如果用最简单的话来概括觉醒的经验性知识，便是：觉醒是一个人知见的转变。这是觉醒的核心。一个人的知见从把自己看成一个孤立的个体，变成了把自己看成某个更普遍的存在——同时是每一个事物、每一个人、每一个地方，如果说在这个转变发生之后，我们还有某种程度的自我感的话。

这个转变不是什么巨大的变革；它就像是你早上起来的时候照镜子，本能地知道你正在看的那张脸是你的。它不是什么神秘体验，它是一个非常单纯的体验。当你看着镜子时，你单纯地认出，"哦，那是我。"当我们称之为觉醒的知见转变发生时，我们把感官所接触的一切都视为自己。这就像是对于我们碰到的每一样事物，我们都想，"哦，那是我。"我们不是从自我、从分离的某个人或某个实体的角度来经验自己。那是一种通过一体自性或灵性认出自己的感觉。

灵性觉醒是一种忆起。它不是变成我们所不是的某样东西。它不是转变我们自己，而是忆起我们的真实自性，就像我们早就知道它，只是暂时忘记而已。在忆起的那一刻，如果那个记忆是真实的，我们并不把它视为一件个人的事情。事实上根本不存在"个人的"觉醒这回事，因为"个人的"这个概念就意味着分裂。"个人的"意味着觉醒或开悟的是"我"或自我。

在真实的觉醒中，我们清楚地认识到，甚至连觉醒本身也不是个人的。是普遍的灵性或普遍的意识觉醒到了它自己。不是"我"觉醒，而是我们的真实自性从"我"中觉醒过来。我们的真实自性从"求道者"这个身份中觉醒过来。我们的真实自性从追寻中觉醒过来。

试图给觉醒下定义会带来的问题是，头脑每听到一个这样的描述，就会对这个终极真理或终极实相形成另一个意象、另一个观念。这些意象与观念一旦形成，我们的知见就再次被扭曲了。从这个意义上来说，描述实相的特性几乎是一个不可能的任务，我们只能说它不是我们所想象的样子，也不是老师教给我们的样子。事实上，我们无法想象自己的真实自性是什么样的。我们的本性超越所有的想象。我们的真实自性是观察者——那个观察我们假装成一个孤立个体的意识。我们的真实本性持续地参与所有的经验，清楚地意识到每一个瞬间、每一个时刻。

在觉醒状态中，我们认识到自己既不是一个事物，也不是一个人，甚至不是一个实体。我们的真实自性是能够彰显为所有事物、所有经验、所有人格的那个东西。我们的真实本性是梦出整个世界的那个东西。灵性觉醒揭示，我们的真实自性是那个无法言说、无法解释的东西。

持久与短暂的觉醒

正如我前面已经提到过的那样，这个觉醒的经验可能只是惊鸿一瞥，也可能持续一段比较长的时间。现在，有些人会说，如果觉醒是短暂的，那么它就不是真正的觉醒。有些人相信，发生真实的觉醒之后，你的知见将向事物的真相敞开，永远不会再度关闭。我能够理解这种看法，因为实际上，整个灵性旅程确实会把我们带向全然的觉醒。全然的觉醒意味着我们时时刻刻从灵性的角度、从合一的角度来看待事情。从这个觉醒的角度来看，无论哪个地方都不存在分裂——无论是世界、宇宙，还是所有宇宙中的每一个地方。真理无处不在，无时不在，遍布于所有维度，属于所有众生。真理是我们所能经验到的万事万物的源头——在这一生或下一生，在这个维度或其他任何维度。

从终极的角度来看，万事万物，无论是存在于较高或较低维度、这里或那里、昨天、今天或明天，都是灵性的展示，是灵性本身在觉醒。所以，其实，每个人，无论他知道与否，都处在通往全然觉醒的轨道上——通往全然的知道，通往全然地经验他的真实自性，通往合一，通往一体境界。

觉醒的那一刻可能会，也可能不会带来永久性的洞见。正如我已经说过的那样，有些人会告诉你，除非觉醒是永久性的，否则它就不是真的。作为一位灵性导师，我所看到的是，一个透过二元性的帷幕对实相有过惊鸿一瞥的人，与处在永久性的、"持久的"觉悟状态中的人，看到和体验到的是同一样东西。一个人暂时体验到它；另一个人持续地体验到它。但如果那是真实的觉醒的话，他们所体验到的东西是一样的：万事万物都是一体的；我们不是位于某个特定空间里的特定的事物或特定的人；我们的真实自性同时既是万事万物，又什么都不是。

所以，我的看法是，某次觉醒是短暂的还是持续的，其实并不重要。重要的是存在着一个灵性的轨道，在一个人能够持续地从真理的角度来看待一切事情之前，他的心是不会彻底满足的；但是无论持久与否，他所经历的都是觉醒。

这种对觉醒的惊鸿一瞥——我把它称为短暂的觉醒——正变得越来越常见。它有可能持续一瞬间、一个下午、一天、一个星期，或者长达一两个月。意识豁然开朗，孤立的自我感逐渐瓦解——然后，就像相机镜头上的光圈会突然关闭一样，意识又再次闭合。突然间，那个之前曾体验过真实的空性、真实的一体境界的人，现在惊讶地发现自己又回到了二元性的"梦境状态"中。在梦境状态中，我们又回到了受制约的自我感中——一种受局限的、孤立的存在感。

好消息是，一旦这种清晰的洞见真的发生了，意识的光圈永远不会再度完全闭合。有时候表面上看来，它好像已经完全闭合了，但它永远不会。你心灵最深层的部分永远都不会忘记觉醒的经验。哪怕你只是在瞬间对实相有过惊鸿一瞥，你内在的某个地方已经永远改变了。

实相是原子能，它威力惊人，不可思议。人们或许只对实相有过惊鸿一瞥，整个过程只发生在弹指之间，由此而进入他们身心的能量与威力却足以彻底改变他们的生命。短短一瞬间的觉醒体验足以使一个人虚假的自我感以及由此而来的对世界的全部看法土崩瓦解。

觉醒并不是你想象的那样

确切地说，谈论我们在觉醒之际失去什么，要比谈论得到什么更为有用。我们不仅失去了自己——我们所认为的那个自己，还失去了我们所看到的整个世界。分离只是一种感觉；事实上，说到我们的世界，除了感觉以外，别无他物。"你的世界"并不是你的世界；它只是你的感觉。所以尽管刚开始这听上去或许有点负面，但我认为从我们失去什么、我们从什么东西中觉醒过来这个角度来谈论灵性觉醒，更为有用。这意味着我们所谈论的是我们的自我意象的瓦解，而一个人之所以在觉醒之际惊恐万状，正是因为我们以前所认为的那个自己开始分崩离析了。

而这确实令人恐惧：它完全不是我们以前所认为的样子。我从来没有碰到过一个学生跑回来跟我说，"你知道，阿迪亚，我透过分离的帷幕瞥见了实相，它跟我在心目中设想的样子非常像。它非常符合我曾经接受过的教导。"通常，学生们回来跟我说的是，"这完全不是我想象的样子。"

这一点特别有意思，因为在我教导的学生中，许多人已经灵修好多年了，他们通常对觉醒会是什么样子有着极为错综复杂的看法。而当觉醒发生时，它总是跟他们所期待的样子有所不同。在许多方面，它更宏大，但是在许多方面，它也更简单。事实上，如果觉醒是真实不虚的话，它必定与我们的想象有所不同。这是因为我们对觉醒的所有想象都产生于梦境状态的范畴内。当我们的意识还在梦境状态中时，我们不可能想象出梦境状态之外的东西到底是什么样的。

觉醒之后，你的生活会发生怎样的改变？

觉醒之后，我们看待生命的方式会发生彻底的转变——或者至少是转变的开始。这是因为尽管觉醒非常美好，但它常常会带来一种困惑感。尽管你作为一体自性已经觉醒了，但你的整个人类结构——你的身体、你的心智、你的人格——依然存在。从这个人类结构的角度看来，觉醒往往是一个非常令人困惑的经验。

所以，我想探索的是觉醒之后的那个过程。正如我已经说过的那样，只有在极少数人身上，觉醒的那一刻是彻底的。从某种意义上来说，它是终极的，不需要一个继续化解的过程。我们可以说，这些人的业报非常轻；就算他们在觉醒之前经历过极大的痛苦，但还是可以看出，他们的业报和需要处理的制约并不是很深。这是非常罕见的情况。在一代人的时间中，只有少数几个人会以这种方式觉醒，他们不再需要经历进一步的化解过程。

我一直以来都在告诉人们：不要指望那个人是你。最好相信你和其他人一样，也就是说，在最初的觉醒经验之后，你还会经历一个化解的过程。它不会是你灵性之旅的终点。我试图在这里做的是，在你踏上这个旅程之际，为你指出一个或许有用和目标明确的方向。正如我的老师过去经常说的那样：这好像当你刚刚把脚踏在了前门上，而这并不意味着你已经点亮屋里的灯了；它并不意味着你已经学会如何在你所觉醒到的那个截然不同的世界中自由穿行了。

我非常高兴这本书让我有机会阐述这个主题——觉醒之后会发生什么状况；书里的内容是来自我过去所作的一系列讲座。现有的关于觉醒之后的生活这方面的讯息通常是不公布于众的。它往往只在灵性导师与学生之间心口相传。这个做法所带来的问题是，正如我已经说过的那样，现在有许多人正在经历这些觉醒的时刻，而他们所能获得的清晰明了的教导非常少。从这个意义上来说，我写这本书是为了迎接那个新世界、那个全新的合一境界。

有些读者可能会在心里想，"哦，我还没有瞥见过实相。我认为自己还未觉醒"。其他人或许不确定自己所经历的是不是觉醒。在这里我想要专门对这些人说：无论你处在灵性之旅的哪个阶段，我相信本书所提供的讯息都是有用的。因为，事实证明，觉醒之后发生的事情与觉醒之前发生的事情是密切相关的。

事实上，觉醒之前与觉醒之后的灵性过程并没有什么太大的不同。只不过在觉醒之后，你可以开始从一个不同的视角来看待这个过程；你可以想象其中一个是鸟瞰式的视角，另一个则是从地面仰视的视角。在觉醒之前，我们不知道自己是谁。我们以为自己是一个分裂、孤立的人，拥有一个特定的身体，活在一个与我们相分离的世界中。觉醒之后，我们还是活在那个世界中；只不过我们知道自己不再受特定的身体或人格的局限，我们与周围的世界并不是分离的。

另外需要了解的一点是，我们并不会仅仅因为有过一次觉醒的经验，从此以后就再也不会受错误知见的影响了。就算我们从一体境界的视角来看待万事万物，特定的情结与制约还会继续留存在我们的心智中。觉醒之后的灵性旅程是一条化解我们身上残留的情结的道路。因此它与通往觉醒的道路——化解我们特定的错觉妄想、特定的紧缩倾向——并没有什么太大的不同。区别在于，觉醒之前，我们的人格结构感觉更沉重、更紧密，因为我们的整个身份被各式各样的制约层层包裹。觉醒之后，我们知道自己的身心系统所受的制约不是个人性的；知道它们无法界定我们。了解这个知识、这个活生生的真理之后，化解我们的幻觉就变得更加容易，不那么具有威胁性了。

所以无论是觉醒之前还是觉醒之后，我们在灵性层面所做的事情其实极为相似。我们只是从不同的角度出发去做它；觉醒之前，我们是从分裂的角度出发，而觉醒之后，我们是从一体境界的角度出发。但是我们实际所做的事情、方法与过程本身，非常相似。你可以说，它们只是发生在不同的层面上。从这个意义上来说,我即将在接下来的章节中探讨的所有内容,几乎适用于你所在的任何层面;你可以把它们转译成自己的经验。

质疑一切的愿心

正如我经常对我的学生们说的那样,我从来不把自己的教导当成绝对真理,因为试图用语言来描述真理是一个傻瓜玩的游戏。这是我们在觉醒之前经常采取的做法——我们把真理变成某些概念,然后对这些概念深信不疑。所以我只是教导策略,而不是教导某种神学或哲学。我提供给你的是获得觉醒的策略,以及帮助你应对觉醒之后会发生的状况的策略。

我说的所有话语只是起到指路牌的作用。禅宗里有句俗语:不要把指向月亮的手指当成月亮本身。这句话我们或许已经听了不止一百遍了,但我们还是会一再犯同样的错误。所以尽管我说许多言词、描述觉醒的背景、使用特定的比喻,我要求你记住,你必须亲自领悟我所教导的一切。你必须亲自实践,才能知道它是真的。我所说的任何内容,都无法替代你对自性真实、直接的体验。你需要质疑一切,并愿意停下来问自己,"我真的知道我自以为知道的事情吗,还是我只是吸取了其他人的信念与意见?我到底知道什么,我想要相信什么?我能完全肯定些什么?"

"我能完全肯定什么事情?"是一个威力无比的问题。当你深入地问这个问题时,它足以摧毁你的整个世界。它足以摧毁你的整个自我感。你会发现,你对自己的所有看法、你对世界的所有看法，全都建立在假设、信念与意见之上——你之所以相信它们，只是因为别人曾经教你或告诉你它们是真的。除非我们开始认清这些虚假知见的真面目，否则我们的意识就会一直被囚禁在梦境状态里。

同样的，只要我们允许自己认识到，"天哪，我几乎什么都不知道；我不知道自己是什么；我不知道世界是什么；我不知道这是不是真的；我不知道那是不是真的。"我们内在的某些东西就会开启。当我们愿意迈入未知以及随之而来的不安全感中，不逃回到熟悉的事物中去寻求保护或舒适时——当我们愿意坚定地站在扑面而来的狂风中毫不退缩时——我们就能最终面对真实的自己。

觉醒之后，继续探索"我能完全肯定什么事情？"这个问题，仍是一个极为宝贵的工具。问自己这个问题，有助于化解各种局限与观念，以及固着倾向——觉醒之后，所有这些东西还会继续存在。

因此，无论你在这条道路上走了多远，最重要的事情是要有意愿在内心坚定地站起来，用这个问题拷问自己，并且以开放、诚实的心态面对你发现的一切。你的觉醒以及你觉醒之后的灵性生活全都建立在这块基石之上。

第二章 真正的觉醒及随之而来的困惑感

当一个人真正觉醒时,当一个人已经超越了二元性的帷幕时,在其他人看来显得迥然不同、相互分离的事物,在他眼中都是一样的。

我们接触到的有关觉醒的大部分讯息,听上去就像是关于开悟的促销广告。在促销广告里,商人们只会告诉我们最积极的方面;他们甚至还会告诉我们一些虚假的信息。在觉醒的宣传广告里,人们告诉我们开悟意味着爱与狂喜、慈悲与合一,以及一大堆其他的正面体验。它经常被包裹在形形色色的神奇故事里,因此我们相信觉醒必定跟奇迹与神通有关。其中最常见的一个广告是,开悟是一个充满喜乐的体验。结果人们就会想,"当我觉醒时,当我与神合一时,我就会进入持续的狂喜状态中。"当然,这是对觉醒很深的误解。

觉醒或许会带来喜乐的感觉,因为它事实上是觉醒的副产品,但它并不是觉醒本身。只要我们还在追逐觉醒的副产品,就会错过真正的东西。这是一个很严重的问题,因为许多灵修法门都试图复制觉醒的副产品,却没有把人带向觉醒本身。我们可以学习特定的冥想技巧,比如持咒或唱诵梵赞,以获得特定的正面体验。人类意识非常容易受外界因素的影响,而通常会选择去参加特定的灵修法门、技巧与训练,你确实能够制造许多觉醒的副产品——喜乐的状态、心胸开阔,等等。但是经常发生的情况是,结果你只是获得了一大堆觉醒的副产品,而非觉醒本身。

我们需要了解觉醒不是什么,这一点非常重要,这样我们就不会继续追逐觉醒的副产品了。我们必须放弃通过灵修来追求正面的情绪体验这种心态。觉醒的道路并不是为了获得正面的情绪体验。相反,开悟可能一点也不轻松或正面。放下我们根深蒂固的知见不是一件容易的事情。我们或许会对看破幻觉——哪怕它们给我们带来了极大的痛苦——产生极大的抗拒心理。

许多人刚踏上灵性觉醒的旅程时,并不知道自己将会面对这些状况。作为一位老师,我在那些较为初级的学生们身上发现的一件事情是,他们是否对真正的东西感兴趣——他们真的想要真理吗,还是他们其实只想让自己的感觉变得更好一点?寻求真理的过程或许并不是一个让我们的感觉变得越来越好的过程。在这个过程中,我们或许得诚实地面对一些事情——这或许是一件轻松的事情,或许不是。

实相正在对自身发出想要觉醒的真诚召唤,这种召唤来自于我们的心灵深处。在那里,心灵对真理的渴望超过了对感觉良好的渴望。如果我们的目标只是每时每刻让自己感觉更好,那么我们就会继续欺骗自己,因为试图让自己每时每刻感觉更好,恰恰是我们用来欺骗自己的一种手段。我们以为我们的错觉妄想正在让自己感觉更好。为了觉醒,我们必须摆脱总是寻求良好的感觉这一心理习惯。当然,我们想要感觉更好,这是人性的一部分。每个人都想感觉良好。寻求快乐、逃避痛苦是我们与生俱来的本能。但是我们心中还有一个更深层次的冲动,也就是我所称的觉醒冲动。

正是这个觉醒的冲动,使我们有勇气面对种种自我欺骗的伎俩。这个冲动呼求我们要为自己的生命完全负责。我们无法靠抓着一位已经觉醒的老师的衣角而获得开悟;开悟不是这样发生的。当我们试图这么做时,就会使自己变得盲目;它意味着我们不想独立思考,意味着我们不想亲自探究事理。当我们盲目地对他人言听计从时——仅仅因为某个教导是古老的或受人尊崇的,就盲目地追随它——结果只会得到我们所要的东西：盲目。

对觉醒或开悟的另一个重大误解是，认为它是某种神秘体验。我们或许会期待类似"与神合一"这样的体验：融入周围环境或灵性之洋中。事实并非如此。觉醒也不是突然间有一种醍醐灌顶般的感觉——洞悉整个宇宙的构造方式，洞悉所谓现实的内在运作机制。

我可以这样一直往下说，但是总而言之，我们需要认识到，灵性觉醒与神秘体验有着很大的不同。神秘体验非常美妙。从许多方面来说，它们是"我"所能获得的最高、最快乐的体验。这个"我"总是在寻求合一。许多灵修法门事实上就是为了制造这种神秘体验，无论我们说的是与万物相融的体验、见到神祇，还是感觉我们的意识扩展遍布整个时空宇宙。但是再一次地，神秘体验不等于觉醒。

我并不是说神秘体验没有任何价值，也不是说它们没有转变心灵的力量，因为它们通常有。神秘体验能够剧烈地改变我们的内在结构，并且通常是以非常正面的方式。所以在相对的世界里，神秘体验确实有某种价值。但是当我们谈到灵性觉醒时，我们所探讨的并不是个人体验。我们所探讨的是从"我"中觉醒过来。我们所探讨的是从一个存在模式进入另一个完全不同的存在模式，从一个世界进入另一个世界。

我这么说并不是在暗示觉醒的人看不到你所看到的世界。正如你看到一把椅子，觉醒的人也看到同一把椅子。你看到了一辆车，觉醒的人也看到同一辆车。区别在于，当一个人真正觉醒时，当一个人已经超越了二元性的帷幕时，在其他人看来显得迥然不同、相互分离的事物，在他眼中都是一样的。我们看到椅子，与此同时，我们并不认为自己与椅子是相互分离的。我们看到的一切、我们感觉到的一切、我们听到的一切，完全是同一样东西的显化。

真实觉醒的标志之一是你不再追寻

发生真实的觉醒之后，我们的真实自性就变得非常清楚了。我们对它不再有任何疑问；它已成定局。从这个意义上来说，真实觉醒的标志之一是你不再追寻了。你的内心中不再有推力与拉力。我们认清了追寻者这个身份，看到它一直以来都只是一个虚拟现实，因此它就这样消失了。在某种意义上，追寻者完成了自己的任务。它提供了必要的动力，推动意识或灵性摆脱它与梦境状态的认同，帮助它回到自然的存在状态中。

现在，如果它是持久的觉醒的话，那么追寻者与追寻就被彻底化解了。另一方面，如果觉醒是短暂的，那么追寻者与追寻或许只是处在被化解的过程中，还没有被完全化解掉。无论哪种情况，追寻者身份的化解都会使一个人的生命发生根本性的转变。对于我们这些走在灵修之路上的人来说，我们的整个身份或许完全建立在追寻者之上。我们或许完全用灵性追寻、对神或合一或开悟的渴求来定义自己的生命。

然后，突然之间，觉醒发生了。追寻者、追寻本身以及围绕着灵性追寻建立起来的整个自我结构，突然消失了。我们认清了这个身份的本来面目——它原本就毫无意义和价值——而它也随着这个认识烟消云散。

觉醒的蜜月期

一旦摆脱了追寻者的身份，我们会体验到一种前所未有的轻松感。这种感觉便是我所称的觉醒蜜月期的标志。至少对我来说，摆脱追寻者身份与追寻这个体验就像是有人从我肩上卸下了千斤重担。这是一种非常真切的身体层面的体验。我感觉有一个重担从我身上被拿走了——而在觉醒之前，我根本不知道自己一直背负着这样一个重担。

对于觉醒之际的人来说，这是一种非常普遍的体验。在意识从分裂之梦中觉醒过来的那一刹那，我们会有一种巨大的如释重负的感觉。这便是为什么人们会开始大笑、大哭，或体验到其他深层次的情绪释放——他们正在感受摆脱梦境状态所带来的那种轻松感。我有时会把这一刻称为灵性初吻。觉醒有点像是你的灵性初吻，你对实相的第一次真真切切的亲吻，你对自己真实自性的最初认识。

这个蜜月期或许会持续一天、一个星期、六个月或几年，因人而异。蜜月期的最大特征是彻底的流动感——你的存在、你的经验中没有丝毫的抗拒。一切都在流动。生命流畅自如；一切事情似乎全都自动发生。你真切地认识到：每一件事情事实上都是被完成的，而你作为一个分裂的个体没有做任何事情。

从最深层的意义上来说，这个蜜月期是完全没有抗拒的一种体验。在这种毫无抗拒的状态中，生命美妙地流动，几乎就像魔法一样。事物在它们需要显现的时候显现。决定自动被做出，用不着你去决定它们；每一件事情似乎都显而易见。在这种体验中，灵性全然不受幻觉、制约或矛盾的阻碍和沾染。这种流动的状态或许是一个短暂的体验，或许会持续较长一段时间。有些人完全被蜜月期给席卷了，以至于在一段时间之内什么都做不了，仅沉浸在喜乐状态中长达一周、一个月、甚至数年之久。

古时候，有这种体验的人通常会进入一个受保护的环境中，比如像修道院——在那里，周围的人会理解他们的状况。他们会被安置在一间舒适的小屋里，一个人留在那里，让这个过程发生。他们很幸运，能够在一个这样的理想环境中体验觉醒：别人会理解他们，视之为正常现象，并给予他们必要的空间。

在今天的社会里，大多数有这些觉醒经验的人都没有生活在修道院里；我们所处的环境无法为我们提供良好的支持。事实上，在我们的社会里，一个人很可能在星期六有过一次美妙的觉醒体验，而星期一早上就不得不回到办公室里。如果你的头脑依然沉浸在狂喜中，这会让你觉得非常困惑！然而，这就是我们所面临的真实处境。大多数现代人都无法享受这种奢侈：在洞穴里坐上几个月，让自己的身心逐渐适应这种全新的体验。这便是我们当前世界的现状，对有些人来说，这可能是一种挑战。

觉醒之后经常会出现的困惑感

无论觉醒的蜜月期持续一天还是一年，在某个时刻，一个人会开始环顾四周，意识到事情已经发生了很大的改变。生活中我们熟悉的那些东西不复存在了。我们原先紧抓着不放、用来界定自己的各种信念，现在变得空洞，毫无真实性可言。大部分自我动机已经消失了，而这会让头脑产生强烈的困惑感。正是在这个特定的时刻，人们开始认识到之前他们在生活中所做的每一件事情，其背后的动力几乎都是以自我为中心的。我这么说并没有任何负面或批判的意思；我只是说，当我们处在梦境状态中时，我们生活中的驱动力基本上都是以自我为中心的。我们的动机完全建立在"我想要什么？"以及"我不想要什么？"这两个问题上。我们时时刻刻都在问这些问题："我能够获得什么；谁会爱我；我能得到多少喜悦；我能得到多少快乐；我能避免多少不快乐；我能找到合适的工作吗；我能找到合适的爱人吗；我会开悟吗？"这些全都是以自我为中心的动机，因为其能量来自于自我意识状态。

其次，这并不是不好或错误的；这只是事实真相而已。在梦境状态中，我们感知到分裂，我们以为自己是孤立的个体与存在。那个孤立的个体一直在寻求某样东西——爱、肯定、成功、金钱，甚至开悟。但是随着真正的觉醒降临在我们身上，这整个分裂的结构开始在我们脚下分崩离析了。

还会有一个人存在，我们并不会就此烟消云散。就连我们的人格也依然完好无损。耶稣有一个人格，佛陀也有一个人格。走在地球上的每一个人都有一个人格。刚从母亲的子宫里出来的婴儿也有他们的人格。这正是存在的美妙之处：我们每个人都有一个不同的人格。狗、猫、飞鸟，甚至树木都有不同的"人"格。

区别在于,一旦我们透过分裂的帷幕看到实相,我们与自己特定人格的认同感就会开始瓦解。就算我们对实相的洞见非常深刻、我们的心智发生了巨大的转变,基本的人格结构还会继续存在。但是过去为我们的人格提供能量的要素、旧有的指导原则以及以自我为中心的动机,要么已经消失,要么正在消失。

在我个人的例子中,我在25岁那年第一次瞥见了帷幕背后的实相。那是一次短暂的觉醒,而非永久的觉醒。尽管如此,那次觉醒所带来的某些东西却从未离开过我。在内心深处的某个地方,我一直知道万事万物都是一体的——我是永恒的,没有出生,没有死亡,不经创造而存在。我明白我的本质不受我的人格结构或我看似寓居其中的身体的限制或禁锢。我过去所熟知的世界以及我过去所熟知的自己彻底瓦解了。事实上,走在这个世界上,心中却不再有之前充斥着我生命的种种动机,是一种很奇怪的感觉。我依然有某种程度的以自我为中心的动机与心理能量。但是自我以及源自于自我的基本心理能量已经在很大程度上土崩瓦解了。我四处走动,对自己说,"我为什么要做这件事?我为什么要做那件事?我其实不再有动力做这件事或那件事了。"我以前喜欢做的那些事情,现在已经不再那么有吸引力了。并不是我抗拒它们或不喜欢它们,而是以前促使我对这些事情感兴趣的以自我为中心的心理能量,现在已经不复存在了。

这种情况并不罕见。人们经常跑来找我,说,"我过去喜欢做所有这些事情——我过去有许多爱好,我过去喜欢参加各式各样的宴会。我过去对放风筝非常着迷,"或者跑步,或者他们曾经喜欢做的任何事情。我告诉他们,这些兴趣开始消退是很正常的现象,尤其是如果他们感兴趣的活动背后的动力完全来自于一种分裂能量的话。对于这些基于自我的分裂意愿的兴趣,你会突然间觉得,"它们去哪里了?"

如果我们是灵修人士,我们都希望能化解自己的自我。我们认识到自我状态所带来的痛苦,因此希望自己不会一直受它的限制。但是觉醒本身并不等于自我的消亡。无论自我消亡与否,我们都能觉醒。事实上,有些非常强烈,甚至破坏性的自我也能觉醒。觉醒启动了化解自我的过程,觉醒的结果则是自我的彻底消亡。

这并不意味着自我会向你俯首称臣。自我或许会采取一切手段来抵制消亡的过程。它或许会使出它的浑身解数。然而,这个过程已经开始了。而最终,一旦你已经瞥见过实相,就再也阻止不了自我在时间中消亡了。

但是当这个消亡的过程发生时,你可能会产生强烈的困惑感。觉醒本身可能非常令人困惑。你曾经信以为真的每一件事情,而现在你却看到它们并不是真的。你曾经认为自己是怎样一个人,现在你看到自己并不是那个人。这种体验本身可能带来极乐,让你觉得如释重负,但与此同时它也可能非常令人困惑。"现在我会变成什么样的人?我生活的动力来自哪里?"

当然,如果一个人完全觉醒的话,就不会再问这些问题了。但这种情况是非常罕见的。对大多数人来说,觉醒之后会有进一步的化解过程。所以对大多数人来说,这些问题会继续存在。没有哪个灵性导师能给你明确的答案，因为自我会把任何答案变成另一个目标。有用的做法是，理解这种困惑感是觉醒过程中的一部分：产生困惑感是很自然的，因为一切都是全新的。你是全新的，你的知见是全新的，你对万事万物以及每一个人的看法也发生了彻底的改变。

之所以会出现困惑感，是因为头脑试图在全新的环境中找到自己的方位。这就像你从飞机上掉了下来。如果你只是让自己往下掉，就不会有任何问题。但是一旦你开始在空中乱抓，试图找到自己的方位，就会觉得无所适从；你意识到自己不知道哪个方向是上、哪个方向是下。

因此，困惑感并不是觉醒的视野中所固有的；它源自于头脑试图找到方位。觉醒的视野的一个关键是，不存在方位，实相也不需要方位。如果说存在某种方位的话，这种方位就是一种深沉的放松感，允许万事万物以它们本来的样子存在。你通过不再试图寻找自己的方位，而找到自己的方位。你通过彻底放手，找到自己的方向感。

在某个阶段，我们会彻底放手，而我们的意识中并不会立即出现一股新的能量，来继续为我们的生活提供动力。当然，这股能量一直存在，时时刻刻都在我们身上运作，它是空性的能量。它直接来自于源头，不受任何扭曲。但是在我们自我动机的消亡与这股能量出现在我们意识中之间，常常会有一个时间间隔。所以在觉醒之后，我们或许会经历一个相当困惑的阶段，心想会有什么样的新能量推动我们继续前进。

另外，我们也需要允许自我消亡的过程发生。对大部分人来说，这个消亡过程或许会持续几年时间。我的情况是，整整六年之后才出现另一次更加深入的觉醒——与第一次觉醒相比，它并没有本质上的不同，但是更加清晰、深入、彻底。为了让这个更加深入的觉醒能够发生，用六年时间来化解自我是一个必不可少的过程。回顾以往，我能看到这一点。因此我与大多数人并没有什么两样。在对觉醒有了最初的惊鸿一瞥之后，我们会经历一个自我消亡的过程，进而对实相产生一个更加清晰和深入的了解。

第三章 "我得到了,我失去了"

生活是灵修的试金石。生活会让我们看到自己在哪些方面依然存在困惑。与生活以及其他人打交道,会让我们清楚地看到我们依然会被哪些东西绊住。

我想用火箭来比喻从短暂的觉醒到持久的觉醒这一旅程。火箭需要巨大的推力与巨大的能量才能从地面起飞,然后它穿越天空、飞入太空,最终摆脱地球引力。

如果火箭里有足够的燃料,飞离地球足够远,就能最终脱离地球的引力。一旦火箭脱离了地球的引力,地球就再也无法把它拉回来了。

作为比喻,我们可以把自我结构或者我所称的梦境状态,想象成地球。梦境状态有一股引力,它倾向于把意识拉向自己。这股引力就是一个人在整个灵性旅程中所要处理的问题。觉醒就是摆脱这股引力。最初,我们或许只是暂时离开了梦境状态,从"我"以及分裂的梦境状态中觉醒过来。但是,仅仅因为我们已经觉醒了,并不意味着意识已经摆脱了梦境状态的引力。如果我们还没有彻底超越引力场,就会再度被拉回到"我"的体验以及分裂的知见中。

这就产生了我所称的"我得到了,我失去了"这个现象。人们向我报告说,自己曾有过对真理的美妙觉悟,但是一天、一个星期、一个月、一年以后,他们觉得自己又失去它了。这就像是发射升空的火箭,在空中飞行了几英里,中途耗光了燃料——现在它又被拉回地球了。

火箭这个比喻是用来描述觉醒过程的一个方法。觉醒的那一刻,也就是从梦境状态进入实相,并不是一个过程,它总是自动发生的。但是正如我已经说过的那样,自我的消亡则需要一段时间。尽管觉醒的那一刻是瞬间的,但此后的演变却是一个过程——一个摆脱梦境状态的引力场的过程。

"我觉醒了,但是……"

一直以来都有人来找我,跟我说,"阿迪亚,我觉醒了,但是……"当然,他们一说"但是",我作为一位老师马上就知道此时此刻他们并没有处在觉醒状态中。他们或许在某个时刻突破了二元性的束缚,瞥见了真理,但他们体验到的并不是持久的觉醒,此刻他们也并没有觉醒。

就觉醒而言,此时此地才是唯一重要的事情。昨天发生的事情跟今天正在发生的事情没有什么太大的关系。你不应该问,"我曾经有过觉醒经验吗?"而应该问,"此时此地,觉醒还醒着吗?"

当有人来找我,跟我说,"阿迪亚,我有过一次觉醒经验,"时,我想要与那个人澄清的第一件事情便是,心灵是否已经把觉醒占为己有了。因为如果他说"我"作为一个自我曾有过一次觉醒的经验,那只不过是另一个幻觉而已。如果那是一次真正的觉醒,我们就会知道已经觉醒的并不是"我"。是觉醒从"我"中觉醒了过来,是灵性从它与自我的虚假认同中觉醒了过来。

自我不会觉醒,"我"不会觉醒。我们并不是自我,我们并不是"我"。我们是从自我中觉醒过来的那一个。我们是从世界中觉醒过来的那一个,而从实相的角度来看,我们也是整个世界。

所以作为一个老师,我首先想要确定,某个人是否从自我的立场出发声称自己已经觉醒了。那个人是否真的相信

"我"已经觉醒了？当然，在传统的语言中，我们会使用"我"这样的字眼，所以使用这些字眼完全没问题。然而，作为老师，我试图澄清的第一件事情——并且我认为这是每个人都应该对自己澄清的第一件事情——是，觉醒的那个并不是"我"。是觉醒本身从"我"中觉醒过来了。

或者正如我有时候喜欢说的那样：是开悟本身开悟了。开悟的不是"我"。开悟的不是人。开悟的是开悟本身。在一个人亲自体验到开悟之前，或许很难理解这个说法，当然，灵修生活中所有的事情也都是如此。每一件事情都必须亲自验证。

"我得到了，我失去了"这个现象是我们的真实自性与我们想象出来的自我感之间的一场交战。它意味着我们的意识还没有摆脱自我梦境状态的引力场，因此我们在自己的真实自性与想象出来的自我感之间摇摆不定——来来回回，来来回回。

在某种程度上，这种状况非常令人不安，我们可能会觉得自己得了精神分裂症。我们已经看到过事物的深层实相，然后我们发现自己又回到了梦境状态中。我们身上的某个部分依然知道深层的实相；我们身上的某个部分知道自我结构不是真的。我们身上的某个部分知道我们的头脑所相信的一切、所做的一切诠释，仅仅只是身心中上演的南柯一梦。但是梦境状态的引力或许依然非常强。就算我们知道自己的存在真相，我们依然会发现我们对自我深信不疑。就算我们知道某个想法毫无根据、完全虚幻不实，我们亦会发现自己还是对它深信不疑。

在觉醒之前，我们要么相信一个想法，要么不相信，这是我们唯一知道的状况。这是非此即彼的事情。但是在对觉醒有过惊鸿一瞥之后，事情会变得非常奇怪。我们或许会同时相信或不相信一个想法，或者我们会以一种我们明知与自己看到过的一体景象不相符的方式行动。这就像是我们觉得自己在无法理解的内在力量的驱动下，不得不以一种我们明知不真实的方式行事。

这类经验有很多例子。如果你发现自己正陷在这个现象中，我只能说这是非常正常的。这么说并不意味着它不令人困惑。它经常会让你觉得自己大大退步了。你怎么能同时相信和不相信一个想法呢？你怎么能在与某个人谈话时，说一些完全来自于自我的话，你明知它们来自哪里，却还是照说不误？这非常令人不安。

这时候，很多人会以为自己犯了一个错误：有些事情出了大问题。但是重要的是要知道，一切都很正常。你没有犯任何错误。这只是一个人觉醒过程中的一个阶段。正如我已经说过的那样，一个人首次觉醒就是持久的觉醒的情况非常罕见。它会发生，但不像其他类型的觉醒那样常见，一般情况下，我们的觉醒经常会被动摇。

有些老师会说，如果觉醒会动摇的话，那么它就不是真正的觉醒。我不是这样的老师，理由我前面已经解释过了。如果我们看到过真理，我们就是看到过真理。无论我们看见真理的时间只有两秒钟还是长达两千年，那都是同样的真理。

觉醒之后，风险就增加了

在这个特定的阶段里你该做些什么，在这个阶段里觉醒经常会动摇——就像有个人把手按在开关上,在那里不停地开灯关灯,而你却束手无策?

首先你开始明白一切都没有问题,这只是你灵性旅程中的一个阶段。如果你逃离这个经验——如果你试图跑回去寻找原先的觉醒状态,以此来解决当前这个困境的话,那么你就是在逃避这部分旅程。一旦你意识到此时此地其实没有任何问题,就会看到自己内心里或许还有一些困惑与痛苦,但这没关系。觉醒的动摇可能会令人非常痛苦;事实上,一旦我们已经认清那是虚幻不实的,继续以一种我们明知虚幻不实的方式行动会更加令人痛苦。以前,我们或许会依照幻相行动,但我们不知道——我们完全处在梦境状态中。就像耶稣所说的那样,"宽恕他们吧,因为他们不知道自己在做什么。"当我们处在梦境状态中时,我们不知道自己在做什么,我们只是依照深层次的心灵制约而行动。可一旦我们已经看到了事情的真实本性——一旦我们心中的灵性之眼已经睁开,我们就能够意识到自己在做什么了。由此,我们才能更准确、更敏锐地觉察到自己的行动、说话甚至思考是否合乎真理。当我们明知故犯地依照幻相行动时,要比我们在不知道自己的行动是不真实的情况下行动更加令人痛苦。当我们对某个人说我们明知是不真实的话时,它所引发的内在分裂要比我们在以为是真实的情况下说同样的话更加令人痛苦。

觉醒之后,风险就增加了。我们觉醒的程度越高,风险就越大。我记得有一段时间我待在一个佛教的修道院里。那里的女住持是一位非常好的女士,她把这个觉醒的过程比作爬梯子。随着你一步步往上爬,就越来越不会往下看。你越来越不会以明知不真实的方式行动，或以明知不真实的方式说话，或以明知不真实的方式做事。你开始意识到，它们所带来的后果已经变得越来越严重了；我们觉醒的程度越高，后果就越严重。最后，以不符合真理的方式行动所带来的后果变得无比严重；哪怕是最微不足道的不符合真理的行动或行为，都会让我们难以忍受。

当初我们在想象觉醒这个情形的时候，绝不会预见到这种责任。我们以为觉醒会是帮助我们摆脱一切困境的灵丹妙药。起初，我们与觉醒所带来的灵性自由之间的关系是非常幼稚的。我们认为自由是一件个人的事情；它只是一种非常美好、自由自在的感觉。但是自由要比这更为微妙。它不是一件个人的事情，也不是我们的私人财产。

随着我们的洞察力变得越来越强，我们开始看到凡事都有后果。如果我们经常以与自己所知道的真相不一致的方式行事，后果就会变得越来越严重。这事实上是一件奇妙的事情，即我所称的严厉的恩典。它不是温和的恩典，也不是那种美好的、令人愉悦的恩典，但是它也是一种恩典。我们知道，当我们的所作所为偏离真相时，我们只会给自己带来痛苦，这种觉悟便是恩典。

实相永远忠实于自己。当你与实相一致时，就会体验到喜乐。而一旦你偏离它，就会体验到痛苦。这便是宇宙的法则，也是事情的运作方式。没有人能摆脱这条法则。对我来说，这种认识便是恩典。实相是始终如一的。与它争吵，与它作对，它就会伤害你——毫无例外。它会伤害你，它会伤害其他人，它会使众生陷入更大的冲突中。

但这种严厉同时也是美好的。它会帮助我们越来越深地进入自己的真实本性中。我们认识到，当我们的所作所为不符合自己的真实本性时，就会对我们自己以及周围的世界与其他人造成伤害。我们对这一点理解越深刻，就越能在偏离正道之际及时纠正自己。

制约的惯性

那么，觉醒为什么会动摇？这主要和我们的制约有关。我们内在的某些部分所受的制约是如此根深蒂固，以至于刚开始连觉醒都无法穿透它们。正因为如此，我们还没有完全自由。

制约的另一个说法是业报。业报这个词来自于东方，撇开任何玄秘的意义或解释不说，它最基本的意思是因果。它指的是我们的人生经历对我们造成的制约——我们根据过去的经历，形成了喜欢或不喜欢某些事物的倾向。

我们受到的制约在很大程度上源自于我们的原生家庭、我们曾经度过的生活、我们曾经面临过的处境以及我们过去的人生经历。父母与社会用他们的观点、信念、道德与规范来约束我们的身心。因此我们就有了特定的制约：喜欢某些东西而不是其他东西，想要某些情境发生而不是其他情境，追求名声、财富、金钱、灵性或爱。

所有这些因素构成了我们所受的制约。这有点像电脑程序。如果你有一台电脑，并给它安装上程序，那么你正在"制约"这台电脑，使它以特定的方式运行。人类身上的制约也是如此。人通过生活环境、成长背景以及所有其他因素被制约或被编程，只能以特定的方式行事。

你会注意到，如果你非常了解某个人，如果你成为他们的好朋友、爱人或伴侣，你也就了解了他们的制约。因此，你能够相当准确地预料他们在某个特定的情形中会作出什么样的反应——他们会想要什么、不想要什么，他们倾向于逃避什么、追求什么。一旦我们了解另一个人的制约，他的行为就在我们的意料之中了。

大多数人的自我感完全建立在他们的制约之上。他们被制约、被告知、被教导自己是谁。你很优秀、你很差劲、你有价值或没有价值、你值得爱或不值得爱——所有这一切全都是制约，所有这一切制造了一种虚假的自我感。

同样的，我们也被制约以特定的方式来看待世界。我们被教导以特定的眼光来看世界。有些人认为世界是一个美好的地方；有些人则认为它非常险恶。有些人倾向于持自由主义的观点；有些人则倾向于持较为保守的观点。所有这一切全都属于我们身心制约的一部分，所有这一切都形成了一种二元性的人生观与二元性的自我观。当我谈到制约时，指的就是这种二元性。

然而，在真正觉醒的那一刻，灵性或意识摆脱了这种制约。它突然从受制约的自我中觉醒了过来，就像从梦中醒过来一样。只有当我们从那个受制约的、虚幻的自我中觉醒过来时，我们才会意识到这种制约是一个多么沉重的负担。

在觉醒的那一刻，或许在此后相当长的一段时间之内，我们完全无法想象这种制约会再次出现或给我们带来困扰。这是觉醒状态的标志之一——我们觉得一个人再也不会与受制约的自我认同了。在我们看来，人会再次进入分裂状态似乎是一件匪夷所思的事情。这种确定无疑的感觉是觉醒状态所固有的。

然而，绝大多数经验过觉醒的人都会在某个时刻发现他们的制约又出现了。当然，觉醒摧毁了数不胜数的制约；它几乎把制约从我们的身心系统中连根拔除了。但每个人身上的制约被摧毁的程度不尽相同。在一些人身上，是百分之十的制约被摧毁了；在另一些人身上，是百分之九十；而在其他人身上，则是介于两者之间。

很难说清楚为什么觉醒会以一种方式影响一个人的制约，而以另一种方式影响另一个人的制约。我可以进行推测，对各种可能的情况进行理论上的探讨，但终极来说，为什么并不重要。无论是哪种情况，我们都在处理我们正在处理的事情。很明显，每个人所受的业报影响的程度各不相同。而抱怨自己的业报对我们没有任何好处，无论我们觉得自己的业报比别人重还是轻。业报就是业报。事实上，业报与我们能否觉醒没有太大的关系，但它或许跟觉醒之后所发生的状况有关。

问正确的问题

有人在他的觉醒发生波动时会问我，"我如何才能一直处在觉醒状态中？"这是在问错误的问题。在灵修生活中，问正确的问题非常重要。想知道如何才能处在觉醒状态中完全是一件合情合理的事，但是这个问题本身却源自于梦境状态。灵性从来不会问自己，"我如何才能待在自己里面？"那是一件很荒谬的事。这个问题没有任何意义。更有意义的问题是问你是如何让自己陷入错觉妄想中的。你依然紧抓着什么东西不放？你依然有哪些困惑？生活中有哪些情境会让你相信那些虚幻不实的事情，导致你陷入矛盾、痛苦与分裂中？具体是什么东西能够引诱意识重新进入梦境状态的引力场中？我们不应该问，"我如何才能保持觉醒状态？"相反，我们应该问，"我是如何让自己陷入蒙蔽状态的？我是如何让自己重新回到幻觉中的？"

这个问题没有统一的答案，因为没有统一的原因。人们陷入蒙蔽状态的方式不一而足。人们被拉回梦境状态的原因有很多：依旧在暗地里运作的无意识假设与信念模式，在觉醒的核爆炸中残留下来并恢复原状的无意识冲突，以及其他形形色色的制约。

在这个过程中，你需要与自己建立正确的关系，并深入地观察到底是什么原因导致你回到分裂状态中去。你需要开始找出那些使你重新陷入睡梦中的特定方式、特定想法与特定信念。

觉醒之后这一演变阶段的重点不再是高深莫测的灵性修炼。在每天的日常生活中，我们内心深处的许多制约暴露无遗。我们与种种不同的情境及不同的人相处，与爱人、朋友、孩子及所有其他人互动。你需要做的是愿意让生活考验你；让自己看清生活什么时候击中了你；看清你是否进入了任何形式的分裂状态、进入了评判、进入了抱怨、进入了"应该"或"不应该"，你是否开始把手指指向别人，而不是自己。

我们需要明白这个事实：唯一能够让我们痛苦、唯一能够让我们陷入幻觉与分裂状态、唯一能做到这一点的人，是我们自己。外在环境中没有任何东西能够让我们失去觉醒状态。我们遇见的任何人、我们处理的任何情景，都无法使我们脱离觉醒状态。

这是我们能够获得的最重要的觉悟之一。这完全是一项内在的工作。这完全是一件我们自己对自己做的事情——错误又不知不觉，并且经常是无意识地。

所以其中的区别在于，如果我们已经真正觉醒了，我们与所有这些残留的业报制约之间的关系就不再那么个人性了。觉醒之前，我们把自己的制约视为一件极其个人性的事情。我们身上的制约决定了我们是什么样的人。我们从自己的制约中、从自己虚假的自我中、从自己的信念、意见、欲望以及其他一切因素中，获得一种自我感。觉醒之前，我们完全陷在梦境状态中，梦境状态界定着我们。发生觉醒之后（如果觉醒是真实的话），我们认识到哪怕幻觉还继续存在，它们也不是个人性的，它们无法界定我们。

这对我们来说非常有利。如果某样东西不再界定你的自我感，处理它就会容易许多。你的恐惧感会大大减轻。一旦从觉醒状态出发，看到自己的业报不是个人性的——跟任何自我、任何身体、任何人都没什么关系，你就更容易面对自己的处境了。我们明白，正在经验的一切都是虚幻的，都是我们的错误认识所造成的结果。

这就好像你开着一辆车在高速公路上飞驰，突然间你把脚从油门踏板上挪开了。你的脚离开油门踏板的那一刻象征着觉醒。"哦，天哪，这辆车无法界定我；坐在这辆车里这个事实无法界定我；放在油门踏板上的脚无法界定我；这辆车开往哪里无法界定我；道路两边的环境无法界定我。所有这一切跟我是谁或我是什么没有任何关系。"这便是觉醒带给我们的启示。

当我们觉醒时，我们不再为分裂状态添加燃料，我们也不再为它注入能量。但是，就算你从此以后再也不把脚放回油门踏板上，车子依然保持着惯性——业报惯性。大多数情况下它不会立刻停下来。这股惯性会在一段时间内逐渐减弱。

尽管如此，我们还是能够为现有的惯性添加能量。我们得非常警觉自己什么时候又把脚放回去了。每当我们与自己的制约或业报重新认同、每当我们相信某个想法时，我们就又在为梦境状态添加能量，又把自己的脚放回油门踏板上了。

因此，觉醒之后的化解过程牵涉到学习如何不要再去踩油门，认出是什么原因促使你再次把脚放回去。就算那不是个人性的——就算重新认同自我完全是不由自主的，它并不针对任何人，也不是任何人的错——我们依然需要弄清楚它是怎么发生的。

从这个意义上来说，生活本身就是你最好的盟友。正如我已经说过的那样，生活是灵修的试金石。生活会让我们看到自己在哪些方面依然存在困惑。与生活以及其他人打交道，会让我们清楚地看到我们依然会被哪些东西绊住。如果我们足够诚实，就不会试图躲在对觉醒状态的记忆中，就不会躲在对绝对真理的觉悟中。我们会从逃避中走出来。我们不会紧抓着任何东西不放。

我想要说的是，一个人很可能上一刻还是觉醒的，一下刻就又陷入沉睡状态中去了。你可能曾在上个星期、上个月或去年有过觉醒体验，现在觉得自己已经丧失其中的一部分了，这是一件非常自然的事情。最重要的是要明白这一切是很自然的。一切都没有问题，一切只不过是进入了一个更深的层面，你正在以一种更深入的方式清理自己的整个身心系统。现在你能够更清楚地认识自己，能够更加栩栩如生地看到自己想要进入分裂状态的倾向。你正在看你以前未曾觉察的种种事物，它们在你毫不知情的情况下驱使着你。但是现在你开始看到你以前未曾觉察的一切。允许所有的东西越来越多地进入意识层面，这是觉醒之后的化解过程中非常重要的一部分。

执着于绝对的看法其实是在逃避人性

请不要把我的教导误认为是一个提升自我的课程。这并不是要让我们成为完美的人，而是看到究竟是什么造成了我们内在的分裂。这与试图成为完美的人这个目标截然不同，因为觉醒或开悟与变得完美、神圣或圣洁毫不相干。真正的神圣是用圆满一体的眼光来看待万事万物，这意味着我们的内在不再有分裂。需要治愈的是使我们的内心陷入分裂状态的种种因素。在对觉醒有过惊鸿一瞥之后，你所需要的是彻底的诚实，愿意去看我们如何蒙蔽自己，我们如何陷入梦境状态的引力场中，我们如何允许自己被分裂。

作为一位灵性导师，要让人们进入这种彻底诚实的状态，或者建议他们这么做，是一件非常困难的事情。这是因为我们的自我结构中存在着一种强烈的倾向，想要把觉醒当成一个逃避所有内在分裂的借口。当我向学生们建议我在这里所探讨的一些事情时，比如认出我们正在哪些方面欺骗自己，有些人说，"但是没有人需要这么做。这里根本就没有人。自我与人都是幻觉，因此没有人需要往内看。"从觉醒的角度来看，确实不存在任何问题，哪怕从表面看来事情显得一片混乱。从觉醒的角度来看，不存在任何问题，因此我们什么都不需要做。"如果你觉得需要做什么事情，你就受骗上当了。"

对任何一位灵性导师来说，要让这样的学生意识到自己的问题所在，不再固执地紧抓着绝对的视角不放，都是一件非常困难的事情。这便是觉醒所带来的危险之一：一个人很可能会紧抓着片面的视角不放。我们紧抓着觉醒的绝对视角不放，否定其余的一切。事实上自我正在用这样的方式固着在绝对视角上，把它当成一个借口，用来忽略无明的行为、思维模式以及分裂的情绪状态。一旦我们紧抓着任何视角不放，就会对其余的一切视而不见。

这便是我为什么强调，在这个阶段的灵性旅程中，非常重要的一件事是，要有诚实地面对自己的愿心与决心。是的，绝对的视角一直都在那里。确实不存在任何问题，也确实不存在孤立的自我。确实没有人需要做我所说的一切。但是在这里，我并不是在跟自我说话。我并不是在告诉自我它需要做什么或不需要做什么。我并不是在跟任何形式的分裂的自我说话。我是在跟实相本身说话。是灵性在对灵性说话，实相在对实相说话。

听上去我好像是在跟某个人说话、在指导某个人，但事实并非如此。我在这里所说的一切，源自于觉醒的知见本身。觉醒的部分总是会走近尚未觉醒的部分，觉醒的部分从不害怕尚未觉醒的部分。它没有恐惧，因为在它眼中，没有任何东西是与自己分裂的，或不是它自己。觉醒的部分甚至不把错觉妄想或梦境状态视为与自己分裂或不是它自己。它视万事万物为自己，毫无例外。

但与此同时，如果我们对自己足够诚实的话，就能注意到，在我们的存在真相中，潜藏着一种释放任何限制、彻底摆脱梦境状态的内在趋向，也潜藏着一种摆脱憎恨、无知、贪婪或任何形式的限制的欲望。在从自己的误解、自己的固着、自己的幻觉中彻底解脱出来之前，我们的存在真相是不会满足的。

要让这一切发生，我们必须愿意对自己诚实。我们并没有否认自己所看到的终极真相，但与此同时，我们也必须认清此时此地事情的本来面目。我们需要审视自己。我们需要问自己："我内在有哪些东西依然会陷入分裂状态中？我内在有哪些东西依然会陷入憎恨、无知与贪婪中？我内在有哪些东西依然会使我觉得分裂、孤立、悲伤？我内在这些尚未觉醒的部分在哪里？"

我们需要认清这些部分，因为我们内在已经觉醒的那一部分是充满慈悲的。它的本性是一体不分的，有着无条件的爱。它不仅不会逃避尚未觉醒的那一部分，它还趋向于它。我们内在已经觉醒的那一部分不会逃避我们思维模式或行为中的矛盾。它不会逃避执着，也不会逃避痛苦，而是恰恰相反。它迎向它们。

这便是为什么那么多真正开悟的人——那些人已经宣称一切都是美好的、一切都没有问题，不需要改变任何事情或任何人，也往往是他们积极投身于照顾那些正在受苦的、那些尚未看到真理的众生的人。真正开悟的人往往是那些彻底投身于造福其他众生的人。

现在的问题是，他们为什么要这么做？如果万事万物当下的样子就已经是完美的，如果没有任何事情需要改变，如果万事万物当下的样子就是神圣的，如果一切都很好，即使它们看起来有问题，那么这些开悟的人为什么还投身于造福其他众生——这有什么意义？没有任何意义。如果绝对的视角是唯一的视角的话，他们就不会那么做了。

我想说的是，如此多已经在觉醒之路上走了那么远的人，之所以最终投身于造福其他众生，其原因在于他们并没有执着于绝对的视角上。他们并没有否认完美的绝对视角，只是愿意敞开心扉，看到更多的东西。他们愿意敞开心扉，看到实相本身的内在慈悲。

实相时时刻刻都在召唤它所有的部分觉醒到它自己。如果我们只是固着在绝对的视角上，如果我们用绝对的视角来逃避自己的人性的话，就很难看到这部分画面。我们的人性也是神圣的，我们的人性希望真理与实相一再地穿透自己。

要让这个彻底觉醒的过程完成它自己，我们必须完全诚实。这与心理治疗很不一样。我们并不是在探索自己的内心，设法修正每一个问题，以便让自己变得快乐。这种做法完全基于梦境状态中的视角，而如果我们依然处在梦境状态中的话，它或许很有用。但我所说的是一种完全不同的动机，也就是认出实相、召唤它所有的部分觉醒到它自己的内在本性。这便是实相正在做的事情。实相时时刻刻都在你的内在以及每个人的内在运作，时时刻刻都在召唤它所有的部分觉醒到它自己。在这个过程中，我们人类结构里的所有东西都会被揭露出来。

我们将不得不彻底摆脱逃避问题的习性。有时候人们问我，"哦，阿迪亚，这到底是什么意思？我应该怎么做？"而我会说，从简单的事情开始。不要再逃避问题。如果你内在有任何需要解决的问题，请转向它，面对它，审视它。不要再逃避它。不要绕开它。不要把觉醒的那一刻当成一个借口，而不去处理你内在尚未觉醒的那部分。

开始面对它，开始审视它。在你想要认清自己真相的单纯愿心与真诚努力中，真理开始向自己揭示自己。这不一定是方法导向的努力。真诚本身便是方法；我们需要一种对真理的真实渴望。我们需要渴望真理本身，甚至超过渴望体验真理。这种真诚并不是我们能够强加给自己的东西，它是实相本身的内在特性。

对有些人来说，或许很难发现这种彻底的真诚。我们很可能刚刚对事物的真实本性有过美妙的一瞥，而下一刻却又回到了二元性的引力场中，发现自己的身心依然陷在可怕的冲突里。对于那些正在经历这个过程的人，同时也对于他们周围的人来说，这都是一件令人惊讶的事情。上一分钟，这个人可以异常睿智,而下一分钟,他或许又完全陷入了错觉妄想之中。这不仅让这个人困惑不已,也让他周围的人困惑不已。

事实上,这会使有些人对觉醒本身心存怀疑。某个人或许有过一次非凡的觉醒体验,却依然像个傻瓜。那么,谁还会在乎觉醒呢?虽然这种想法情有可原,但得出这个结论的人显然并没有完全理解觉醒的过程。事实是,我们可以对事物的真实本性有很深的洞见,而与此同时,在人性的层面上,我们生活中的某些领域里却依然充满了冲突与错觉妄想。我们需要对自己诚实,不再逃避那些领域,真正转向、审视并面对生命中任何尚未觉醒、尚未合一的部分。当我们在自己心中看到分裂倾向时,必须去面对它。

"我得到了，我失去了"这个现象是我们的真实自性与我们想象出来的自我感之间的一场交战。它意味着我们的意识还没有摆脱自我梦境状态的引力场，因此我们在自己的真实自性与想象出来的自我感之间摇摆不定——来来回回，来来回回。

第四章　我们通过体验束缚获得解脱

幻觉本身——我们紧抓着不放的信念——正是通过自由的大门进来的。我们只需要穿越它们，而不是紧抓不放或把它们推开。我们不可相信它们，但也不可逃避它们。

如果我们在某个时刻有过一次觉醒的体验，从此以后就再也不会被思维的幻象所束缚，那真是太好了，但是正如我已经说过的那样，事情并不是这样运作的。我们或许对自己的真实自性有着深刻的认识，明白头脑本身只是一个梦境，我们所认为的那个自己只是一个梦境，但这并不意味着我们从此以后再也不会被想法所蒙蔽了。某些想法还会继续浮现，我把这些叫做"魔术贴"想法——那些会在特定的情形中浮现，把我们给牢牢粘住的自发性想法。这类想法会导致我们立即重新认同于自己的思维模式。它可能是一个批判性的想法，一个让人觉得羞愧或卑微的想法，或者一个让人觉得愤怒或想要指责他人的想法。

觉醒之后，某些"粘性的"思维模式依然会再次浮现，这一事实或许会让许多人觉得有点失望。他们一度认为如果他们有过真实的觉醒，就再也不会相信那些会给他们带来痛苦的想法了，但这并不是真的。真实的情形是，我们的灵性觉醒越成熟，就越能看穿自己的想法，也就越不会被想法所束缚。

有人曾经问尼萨迦达塔·马哈拉——我最喜欢的一位印度圣人，自我人格会不会在他身上出现。他若无其事地说，"它当然会出现，但是我立刻就能看清它只是一个幻觉，并把它弃置一旁。"这个回答真是太让人高兴了——就连到达了像尼萨迦达塔那样的灵性高度的人都说，旧有的制约永远都有可能再次浮现。他只是在它浮现的同一刹那，认出它是虚幻不实的，在这一洞见中，他轻轻把它弃置一旁。于是，它就这样消亡了。

只有像尼萨迦达塔这样的人，也就是灵性觉醒已经非常成熟的人，才能够这么做。但是大多数人刚开始的时候通常做不到这一点，就算他们曾有过非常深刻的觉醒经验。

事实上，某些最深层、最紧绷的思维模式也会在我们刚刚获得觉醒的时候浮现出来，这并不是什么非同寻常的现象。有时候，这种情况会让人大吃一惊。觉醒之际所发生的其中一件事情是，我们用来压抑自己的外壳被揭掉了，我们发现自己很难再隐藏任何事情。在觉醒的余波里，一些非常顽固的思维形式或许会浮现出来——那些我们曾经压抑得很深、试图忘却的事情。但是现在，我们内心里的一切开始进入存在之光中。我们经常会发现，某些想法具有粘住我们，把我们拉入暂时的认同状态中的能力。

通过探询获得自由

在这些时候，重要的是要避免我所称的灵性绕道——对自己的想法视而不见，忽略我们被卡在重新认同的状态中这个事实。我们经常用空洞的语言来麻痹自己。我们告诉自己，"哦，那只是认同而已。那没什么大不了的，因为没有人需要做任何事情。毕竟每一件事情都是自动发生的。"

这是一种相当精微却极为有效的方法，用来逃避我们生命中的经验。它使我们不去处理自己那个想要持续进行重新认同的倾向。我们需要有愿心清楚而诚实地面对这些重新认同的时刻。

进行自我探询的方法有很多。我发现书写对我很有帮助，无论是在觉醒之前，还是在觉醒之后的一段时间里。我会带着纸和铅笔来到一家咖啡馆里,然后开始写自己的探询。把所发生的事情写下来,会帮助我深入理解导致我重新认同的思维模式。我会确切地找出当时是哪个想法或信念抓住了我,以及那个想法内在的世界观是什么。

比如,如果我们做了一件让自己觉得很傻或很尴尬的事情,我们的头脑或许会想,"我本来不应该做那件事的,"或者"我真是太蠢了。"如果你抓住这样一个细微的想法,并开始深入地观察它,你立刻就会发现,想法与情绪是连在一起的;事实上,其中一个是通往另一个的大门。"我本来不应该做那件事的"这个想法会产生一种情绪——尴尬或愤怒。通过这样的方式,我们能够看到一个想法的内在世界观,以及它是怎样把我们拉进认同中去的。

我们不应该只是把这种探询当成一个心智工具。如果我们这么做的话,就会开始在心智层面上理解每一件事情。问题是,心智层面与情绪层面往往是断裂的。我们的头脑或许清楚地理解了某一件事情,但是在情绪层面上,我们或许依然矛盾重重。在探询时,非常重要的一点是,我们应该同时运用身体与头脑——情绪与想法。我们必须看到哪些想法产生了哪些情绪,以及哪些想法是从情绪中产生的。这是一个不断循环的过程:某个想法产生某种情绪,而那种情绪产生下一个想法——这个想法又产生下一种情绪。

当我带着纸和笔来到咖啡馆时,我会非常具体地找出导致我陷入重新认同中去的那个想法到底是什么,然后开始把那个想法写下来。我会确切地审视那个想法是如何看待世界的。要做到这一点,我不得不进入自己的情绪中。我必须关注,相信那个特定的想法——无论是谴责、尴尬还是别的什么——对我的情绪产生了什么影响。然后我会进入情绪中,允许自己去感受那个情绪。

下一步是问自己这个情绪的信念模式是什么。这个情绪如何看待世界;这个情绪如何看待自己;它的世界观是什么?我开始看到,每一个想法与情绪本身都包含着一个世界,一个完整的信念结构。借助想要进入情绪中的真诚愿心,我发现情绪有自己的声音。我能在头脑中听到那个声音,我也会发现它包含着某些具体的信念与观念。

我们往往发现,我们的思维与情绪所包含的信念与观念是来自于我们的童年。它们或许源自于我们被为难、被贬低、被羞辱、被惊吓、被激怒或伤心的早期记忆。如果我们开始以冥想的方式(处在身心合一的状态中)探索自己的内心,我们的探询会开始揭示这些深层次的内在经验。你不能只是在头脑中想;你不能说,"这是一个想法,我知道它不是真的"。就完事了。有时候我会在咖啡馆里待上几个小时,除非把某个思维模式弄个水落石出,否则绝不离开。我知道如果那个想法会粘住我、把我拉入重新认同中去,那么另一个想法也会再次粘住我。我们觉醒的程度越高,重新认同对我们造成的伤害也就越大。那种感觉就像是被强行拉出天堂,回到地狱中。当你感觉到自己身处地狱时,就会竭尽全力逃离地狱。

所以我会非常勤勉地使用这个探询的方法。我会一直不断地探询下去,直到我彻底看清了某个认同的时刻。当它彻底脱离我的身心系统时,我就知道自己大功告成了。

我不得不在几个不同的场合里重新探访某些思维、情绪与反应模式。每一次的探询都会变得更加深入，也会揭示越来越多的讯息。在这个过程中，我会触及那些核心的信念、想法与情绪。你需要的是一份坚持探询的愿心，唯有这样才能把幻觉连根拔起。

这就像是清除院子里的杂草。我得很惭愧地说，我除草的时候，往往只是拔掉露出地面的部分。相反，我的妻子则比我有耐心。她除草的时候，会把它们连根拔起。你会知道何时是她除的草，因为杂草好几个月都不会再长出来。而如果是我清理院子，院子里过一个星期就会再次杂草丛生。

幸运的是，在对待自己的内心生活时，我可不是这个样子。在我刚才描述的探询过程中，我发现自己非常专注。我愿意走得非常深入，一直追溯到任何一个会引起痛苦反应的想法的根源。

我并不是说每个人都需要采取书写的方法。我们每个人都得找到属于自己的方式。或许书写对你有帮助，或许以冥想的方式探索自己的思维模式对你有帮助。终极来说，重要的是要抵达思维过程与情绪过程的核心。只有这样，我们才能发现在当下给我们制造了痛苦的虚幻信念。

我们大部分人都曾经在自己的生活中碰到过艰难的时刻，在那些时候，我们已经形成了自发的应对策略。在我们小时候发生了一件事情，它所造成的痛苦远远超出了我们当时的应对能力，我们就形成了一个特定的信念，以便帮助自己挺过当时的情形。

或许某个孩子的父母是功能失调的。那个孩子无法面对父母没有能力很好地照顾自己这个事实。这一认识对孩子的身心健康造成了巨大的威胁，以至于他编造了一个不那么具有威胁性的故事，以帮助自己挺过当时的困境。他没有看到自己的父母是功能失调的，而是形成了一个信念模式，认为自己有问题。在那些时候，形成某个信念模式会帮助我们应对和度过艰难的时刻。这个模式是在我们的童年时期形成的，但它也会一直延续到我们的后半生。

当我们认真地探询这些信念模式时，就会发现它们已经不再有用了。尽管它们或许在过去曾帮助我们应对过艰难的情形，但现在已经没什么用处了。想法本身从来都不是有效的策略。针对任何事情编造任何故事，永远都会给我们带来痛苦。终极而言，我们在头脑中形成的关于过去或未来的任何观念，都会与生活本身、与实际上正在发生的事情相冲突。

当这些"魔术贴"想法与情绪浮现时，关键是要面对和探索它们背后所隐藏的信念结构。在那一刻，探询便是你的灵性修习。逃避这个练习，便是逃避你自己的觉醒。你在生活中逃避的任何事情，都会一而再、再而三地回来，直到你愿意面对它——深入地审视它的实质。

再一次地，判断我们是否已经看清某件事情的真相的唯一标准是，我们长期以来告诉自己的故事销声匿迹了。我们不仅看到它是一个幻觉，更感觉到它是一个幻觉。我经常告诉我的学生们要坚持探询，直到故事从心中脱落。你只有两个选择：要么探询，要么成为受害者。你可以选择成为自己想法与信念的受害者，或者深入感受它们，直到它们从心中脱落。

通过探询，我们开始看到，所有的信念都具有同等的价值。我认为某个人本来应该做什么或不应该做什么，没有任何价值。他们实际所做的事情与我认为他们本来应该做的事情，具有同等的价值。只有当我们看到自己的想法、判断及意见与它们的对立面一样真实时，思维的两极对立才会得到平衡。如果我所相信的想法与相反的想法一样真实，那么整个思维结构就崩溃了。如果某个不同的意见与我的意见一样，具有同等存在的权利，那么我们就不能说哪个意见是真的。它们要么全都是真的，要么全都是假的。当我们看到这一点时，就会有一种两极之间的内在平衡，而想法不再是两极分化的。只有当我们以这样的方式平衡自己的想法时，二元性的思维结构才会丧失效力，开始崩溃。

这件事情我们并不是只看一次就够了；每一次有需要的时候，我们就必须再度审视。根本没有过去的觉醒这回事，过去的觉醒已经过去了。唯一重要的事情是当下。此时此刻，我有觉醒到真理吗，不仅在头脑中，也在整个身心中？我真的看到个人性的世界观与个人性的自我这整个结构，只不过是宇宙心灵中的一个梦境吗？这才是唯一重要的事情。

我们昨天看到的真相或许会对今天造成影响，又或许不会。如果它依然历历在目，如果我们依然用同样的眼光来看待事情，那很好，我们自由了。如果不是这样，那么我们必须从否认中走出来。我们必须愿意看到自己正在相信某些东西，我们内心深处的某个地方正在抓取什么。

这种不回避幻觉的愿心是非常重要的。我的老师告诉我，我们通过经历轮回获得解脱。我们通过体验束缚，获得真理与自由。我们通过看透事物的虚幻特性，看到事物的真实本性。

我们无法通过逃避轮回而获得解脱；我们无法通过逃避地狱或试图绕开它，而进入天堂；我们无法通过逃避困惑，而获得清晰的洞见；我们无法通过逃避不是自由的东西，而获得自由。事实与此刚好相反。

幻觉本身——我们紧抓着不放的信念——正是通过自由的大门进来的。我们只需要穿越它们，而不是紧抓不放或把它们推开。我们不可相信它们，但也不可逃避它们。我们需要把每一个束缚的时刻，视为对自由的一次邀请。然后它就变成了一个我们表达爱、表达慈悲的行为，我们不再逃离。

每一个时刻都是需要发生的。我们的每一次经历都是一份神圣的邀请函。它或许是一份烫着金字的邀请函，也或许是一份措词严厉的邀请函，但每一个时刻都是一份邀请函。这一点我怎么强调也不为过：向我们揭示自由的，正是生活的实质与流动本身。生活本身告诉我们，我们需要看穿哪些东西才能获得自由。

所以我们不能逃离生活，我们必须诚实而持续地面对生活中所发生的一切。当我们这么做时，我们开始看到，我们确实是通过束缚获得解脱的。这并不是说我们一直被卡在束缚中。相反，我们把自己从束缚中解开。我们解开那些束缚人的、虚幻的想法，由此获得解脱。

觉醒揭示了我们早已完美无缺的内在自由。它也成为我们培养足够的灵性资粮（洞见与勇气）的基础，以审视任何有可能粘住我们、把我们拉进痛苦与认同中的想法。一段时间之后，这个审视与释放的过程就习惯成自然了，它变成了一种自发的行为。刚开始，它或许有点单调乏味。你或许需要付出一点时间与专注，甚至真正的努力与纪律。然而，随着时间的流逝，它变得越来越自然、越来越自发。到了某个时候，这个审视与释放的过程变得高度内化，以至于它几乎是自动发生的。某个想法浮现，你或许会在一瞬间与它产生认同。然后头脑立即对那个想法展开探询，从而使自己重获自由。一旦头脑彻底内化了这种内在的释放，整个过程就在弹指之间。这便是觉醒的运作方式。有时候我们甚至都不知道它正在发生，但它确实正在发生。意识正在一次又一次地释放它自己。正如我已经说过的那样，觉醒的关键在于真诚，在于我们愿意诚实地面对身心所发生的任何状况。这永远都是通往自由的大门——自由只发生在当下、当下、当下和当下。

第五章　彻底不再隐藏

不诚实地面对他人和生活中的状况，等于是在抑制我们对真实自性的表达。最终，我们必须看到真理本身是最高的善，真理本身是爱的极致表达和展现。

我想要和你分享一个故事。几年前我在毛伊岛上作一个演讲，主题是真理如何在觉醒之后的生活中显现。我请听众和我一起思考以下几个问题：假如我们不回避自己已经知道的任何真实的事情，会怎样？假如我们在生活的所有领域中不再隐藏，会怎样？假如我们彻底停止逃避自己，会怎样，因为这其实就是觉醒的生活？

在第二天的另外一场聚会中有一个问答环节。一位五六十岁的男士举手发言，给我们分享了一个很美的故事。他说，"昨天晚上我听了你讲的课，你当时谈到了诚实，谈到了一个人要有愿心如实地面对自己，而不是躲在某个过去的觉悟中。很长一段时间以来，我和妻子一直处在离婚的边缘上。听完你的课回到家里之后，我们坐下来，开始告诉对方真相。我们开始告诉对方自己的真实想法。"

他继续说道，这与他们过去告诉对方真相时的情况不太一样，那时他们只是试图说服对方相信自己的真相。这并不是要证明一个人是对的，另一个人是错的，而只是单纯地告诉对方真相。他们毫无保留地承认自己长期以来所经验到的一切，承认他们觉得与对方分离和疏远，承认那些导致他们陷入分离和孤立感的内心秘密。"我们真的只是坐在那里，告诉对方真相，"他说，"我说出我的真相，然后我让我的妻子说出她的真相。然后我继续说我的真相，然后再让她说她的真相。"

那位男士说，他和妻子并不是在解决任何问题，或试图得出一些结论，他们只是不再隐藏。他们从晚上十一点一直谈到了凌晨三点（他还说，这正是他此时此刻觉得头晕和疲倦的原因）。

他最后说道，那是他一生中最美好的一个夜晚：一个吐露真相的夜晚。既不是维护真相，也不是否认真相，而只是非常真诚地告诉对方真相，彻底摆脱隐藏。

根据多年来指导人们的经验，包括那些曾经有过非常深刻的觉醒经验的人，我发现大多数人都害怕说实话，害怕变得诚实——不仅对别人如此，对他们自己也是一样。当然，这种恐惧的核心是，大多数人本能地知道，如果他们真的实话实说，完全诚实，就无法再控制任何人了。

如果我们对某个人说实话，就无法控制他。我们只能在一半真话、一半假话的情况下，只能在掩盖事实真相的情况下，控制他人。如果我们说出全部的真相，我们的内在就立刻暴露在外面了。我们不再有任何隐藏的东西。对大多数人来说，这样彻底暴露自己的内心，会带来极大的恐惧感。大多数人会想，"天哪，如果有人能看到我的内心，如果有人能看到那里正在上演的一切，看到我的恐惧是什么，我的怀疑是什么，我的真相是什么，我真正的看法是什么，他们会被吓坏的。"

大多数人都在保护自己。他们把很多东西藏在心里。他们并没有过着诚实无欺的生活，因为如果真的这么做，他们就无法掌控生活了。当然，他们本来就无法掌控生活，但如果这么做他们也将失去掌控的幻觉。

所以这位男士告诉我那个夜晚是多么美妙。他说，"说实话，我和妻子不知道我们是否会继续待在一起。"现在已经过去好多年了，他们依然保持着婚姻关系，但那时候他们并不知道结局会怎样。然而，他们竟然有足够的诚实，敢于承认这一点。他们有足够的诚实知道，通过告诉对方真相，通过诚实地说出自己的想法，他们已经开了一个好头，但他们并不试图控制事情的结局。

　　大多数人在自己的童年时期都曾有过因为说实话而受到伤害的经验。一路上，有些人告诉他们，"你不能说那件事"或者"你不应该说那件事"或者"那是不对的"。结果是，我们大多数人都有着很深的潜在制约，这种制约告诉我们做真实的自己是不对的。我们已经受了制约，相信有些时候我们可以实话实说，而有些时候则不行。事实上，大多数人都存在着一种根深蒂固的心理——不仅在他们的头脑中，也在他们的身体与情绪中——也就是如果他们实话实说，如果他们成为真实的自己，将会有坏事发生在自己头上，将会有人不喜欢自己。他们害怕，如果他们说实话，将无法控制他们的环境。

　　但是说实话是觉醒的一个自然组成部分。看起来似乎不太像，因为这是一件非常实际、非常人性的事情。它一点也不超然。它无关纯粹的意识，而是关于纯粹的意识如何以空性的方式显现为人。我们必须能够彰显我们觉悟到的真理，同时我们也必须觉察和处理我们内心中那些使自己无法在每一个情景中都诚实无欺的力量。

　　我做完这样的公开讲座之后，几乎每一次都有人跑来跟我说，"你知道你所做的关于说实话与诚实这个主题的讲座吗？"我说，"是的，我记得那次讲座。"他们就会说，"好吧，讲座结束之后，在停车场里有人走到我面前，说她需要把藏在心里的关于我的所有负面看法全都告诉我——借着诚实的名义。"

我只能连连摇头。我甚至犹豫要不要讲这个主题,因为它太容易被人误解了。

真相是一个非常高的标准。真相不是一件玩物。说出我们内在的真相,并不是指说出我们的想法;并不是指说出我们的意见;也并不是指把我们头脑里的垃圾倒在别人身上。所有这一切都是幻觉、扭曲与投射。真相并不是把我们的意见强加给某个人。这不是真相。真相并不是说出我们对某件事情的信念,这不是真相。事实上这些是我们逃避真相的手段。

真相比所有这一切都要私密得多。当我们说出真相时,会有一种供认不讳的感觉。我并不是指供认某件不好的或错误的事情,而是指我们彻底摆脱隐藏的感觉。真相是非常简单的事情。说出真相,是指以一种彻底而绝对不设防的心态说话。

要始终如一地说实话,我们不仅必须面对我们心中每一个害怕说实话的地方,还得看清我们个人性的信念结构,它告诉我们,"我不能这么做"。这些信念结构建立在幻相的基础上。仅仅知道这一点还不够,你还得真正看到这一点,看到你所相信的一切。到底是哪些信念结构导致你进入二元性中,导致你进入冲突与隐藏中?只有那时候,你才能以我在这里所讨论的方式说实话。

真正的自由是献给每一个人以及万事万物的礼物

觉醒的一部分——如果它是真实不虚的——是献给整个

世界的一份自由之礼。在觉醒的那一刻，你被赐予了这份自由。真正的自由不只是"我是自由的。"真正的自由是"万事万物都是自由的。"这意味着所有的人都有成为他们自己的自由——无论他们有没有觉醒，是不是受蒙蔽。

自由是认识到万事万物以及每一个人只能是他们当下的样子。除非我们已经获得这种觉悟，除非我们已经看到这是实相看待事情的方式，否则我们事实上正在拒绝给予世界自由。我们正在把它视为私人财产，我们只关心自己。我能感觉多好？我能感觉多自由？真正的自由是献给万事万物以及每一个人的礼物。

在觉醒的那一刻，佛陀说道，"我以及大千世界里的所有众生同时获得了解脱。"在传统的头脑看来，这实在太不可思议了。"如果万事万物都觉醒了，"有人或许会说，"那么我为什么还没觉醒？如果佛陀的说法是正确的，当他觉醒时，整个世界也觉醒了，那么我为什么还没觉醒？"我无法向传统的头脑解释佛陀的说法。佛陀所传达的讯息是，并不是佛陀觉醒了——并不是这个人觉醒了，而是整体实相觉醒了。整体实相正在通过佛陀表达觉醒。

重要的是要允许整个世界觉醒过来。而允许整个世界觉醒过来的其中一部分是，认识到整个世界是自由的——每个人都能自由地以他们当下的样子存在。在你给予整个世界同意你或不同意你的自由之前，在你给予每一个人喜欢你或不喜欢你、爱你或恨你、以你的眼光看待事情或以不同的眼光看待事情的自由之前——在你给予整个世界自由之前，你永远不会获得自己的自由。

这是觉醒中非常重要的一部分,也是我们很容易错过的一部分。再一次地,如果我们已经完全觉醒了,我们是不可能错过这一点的,但是大多数人并不是一下子觉醒的。然而,自由这个观念非常重要。我们每个人只能是当下的样子。只有当你允许每一个人成为他们当下的样子时——只有当你给予他们这份自由、他们本来就拥有的自由时,你才能在自己心中找到诚实无欺的力量。

只要我们还在期待或想要别人同意我们的看法,我们就不可能说实话。那会使我们的心紧缩——他们或许会不喜欢我说的话,亦或许会不同意我的看法。当我们保护自己时,同时也拒绝了给予别人自由。当我们认识到自己就是彰显为万事万物以及每一个人的独一无二的灵性时,就会认识到我们全都享有完全的自由。

这一认识中包含着一种勇敢无畏的精神。有时候人们跑来跟我说,"阿迪亚,我内在依然有某个地方"——而我发现那通常跟非常早期的童年经历有关——"害怕成为我知道是真实的东西。"当然,我会说,"你得审视它,看到你自己如何根据过去所发生的事情形成了某些特定的信念结构。你得深入地观察它,认清这些信念结构是不是真的。"但与此同时,我们需要认识到,我们无法知道或预见世界会如何对待我们。觉醒的一部分是愿意被钉死在十字架上的。如果我们以为觉醒意味着整个世界都会赞同我们,那我们就陷入完完全全的错觉妄想中了。耶稣明白这一点。这是一位已经觉醒的人——按基督教的说法是上帝之子。而上帝之子后来怎样了呢?他因为表达他觉悟到的真理而被钉死在了十字架上。

人类意识中存在着一个根深蒂固的禁忌，这个禁忌就是：觉悟存在的真相是不对的。我并不是说四处传扬真相；我是说成为你所看到的真相。这个禁忌说，"那是不对的。你会因此被钉在十字架上，你会因此被人杀害。"当然，在我们的人类历史上，因此丧命的不乏其人。在很多社会中，都有一段很长的除掉或杀害真正开悟之人的历史，因为真正的开悟打破了梦境状态的常规模式。事实上，很多时候在梦境状态中人们往往会觉得自己受到了开悟的冒犯和威胁，因为我们无法控制一个真正开悟的人。就连死亡的威胁都无法控制一个已经开悟的人。死亡的威胁无法控制耶稣。他会按命中注定的方式生活，无论这对他来说意味着死亡还是生命。

因此，作为一个人，我们不能有这些幼稚的想法，认为开悟意味着"每个人都会爱我。"或许每个人都会爱你，但更有可能出现的情况是有些人会爱你，有些人不会。当你给予整个世界自由时，你就朝发现自己的自由又迈出了一大步。两者紧密相连，不可分割。

诚实是关键

最重要的事情并不是你试图说服任何人相信你所看到的真理。真正重要的事情是，你对自己诚实。如果你能对自己诚实，那么你就能对任何人诚实。过度地把注意力放在对每一个人诚实上，并没什么真正的作用。那显然是必要的，但第一步是从自己开始：你能对自己完全诚实吗？你能进入内心那个超越责怪、超越评判、超越应该与不应该的地方吗？内心的那个地方，它是如此诚实，以至于你不再回避你身上每一个依然处在冲突中的部分，你能不再利用你所看到的真理来逃避你身上尚未解脱的层面吗？

这事实上是诚实度的问题。正如我已经说过的那样，这并不是一个提升自我的课程。一旦你发现了我所描述的那个层次的诚实，就知道诚实是存在绝对本性的展现。刚开始，要对自己如此诚实或许并不容易。你或许会在自己身上看到那些你不想看的东西。你或许会在自己身上看到那些似乎与你觉悟到的真理形成鲜明对比的部分。然而，这正是觉醒的运动方向：走近和进入那尚未觉醒的部分。诚实使这个过程得以发生，而如果你对自己诚实的话，它确实会发生。

彻底摆脱隐藏，愿意看清自己身上的每一个固着点——每一个进入分裂状态的方式，能够使这部分旅程继续进行。当这一切发生时，你会感觉到自己的心在敞开、自己的头脑在敞开，自己正在那些以前做梦都想不到的层面上敞开。这些层面不只是超越你的人性，它们就包含在你的人性中，因为你的人性与神性并不是分开的。

有一位伟大的禅师黄檗曾经说过，"为众生时，此心不减，为诸佛时，此心不添。"他的意思是，佛陀与凡夫并不是分开的，他们没有区别。尽管我们从梦境状态以及误认为自己是人的幻觉中觉醒过来了，但是我们还得再度回归尘世，直到明白我们的人性与我们的神性是一体不分的：它们是同一个存在，同一个表达，同一个真理。

诚实是关键。你必须要有愿心，你必须想要看到自己内心中的一切。当你想要看到一切时，就会看到一切。

把超然状态当成避难所

很多来找我的学生都持有一个无意识的观念，认为觉醒意味着一个人应该能够在任何情景中都感到全然的幸福、喜乐与自由。这是许多人关于觉醒的一个无意识信念，而这也是一个错误看法。

觉醒之后，生活中的外在境况不再能够轻易让我们失去平衡，这一点是真的。但是，当我们觉醒时，我们开始越来越多地觉察到生活中那些不符合我们觉悟到的真理的行为模式，这也是真的。如果你相信开悟只意味着幸福、喜乐与自由这个错误看法，就会想要超越或逃避生活中那些进行的不够顺利的领域。我们迟早会发现，随着我们变得更加觉醒，我们所面临的压力也会变得越来越大，从而不得不去面对和处理生活中我们一直在逃避的那些领域，以及我们尚未完全觉察的那些领域。

我发现，当许多人开始意识到这整个觉醒的过程正在把他们带往哪里——一个需要他们非同寻常地诚实、彻底摆脱隐藏——的境界时，他们变得非常害怕。这与下面这个观念完全相反：觉醒就是超越生活，在某个内在经验中找到一个避难所，而用不着如实地面对生活。事实上，觉醒刚好相反：在觉醒的存在状态中，我们找到了如实地面对生活的能力。但是正如我已经说过的那样，许多人害怕觉醒过程中的这一部分，因为它要求我们在每一个层面上摆脱隐藏。许多人害怕让真相进入他们所处的某些关系——无论是家人关系、朋友关系、情侣关系还是婚姻关系。相反,逃避真相、逃避生活中某些功能失调的模式,则要舒服得多。

这里有一个我非常喜欢的故事,它指出了一个人在关系中面对自己是多么具有挑战性——而假如我们不面对自己的话,就会阻碍我们的灵性成长。有一位著名禅师的资深学生,他本人也正准备成为一位老师。这个人结婚已经很多年了,有三个孩子。他告诉禅师,他和妻子相处得不是很好。妻子对他很生气,因为在她看来,他正变得越来越疏远,很少参与家庭事务,与她或孩子们也没有多少连接。

当时夫妻俩都是这位老师的学生。当他听说他们的状况时,就说,"下个月有一场静修会,我想要你们两个都来参加。"所以他们就去了,期待着像以往一样参加静修——每天坐禅好几次,保持静默,大部分时间都花在观照自己的内心上。

静修开始时,老师叫他们两个私下来见他,说,"我想要你们参加一个不同的静修。我已经在庙里为你们安排了一间卧室。我想要你们一天二十四小时待在同一张床上,除了上洗手间以外,不要离开这张床。我不关心你们在那里做什么,但你们必须要在同一张床上待上二十四个小时。然后回来见我。"

由于他们都是他的学生,就听话照做了。他们来到那间卧室,在一张床上待了二十四个小时。当他们向老师汇报事情的进展时,他挠了挠头。"嗯,"他说,"再来一天怎么样?再在床上待上一天。"

所以与老师见面之后,他们又回到床上待了一整天。这个静修会一共有七天,每一天禅师都告诉他们同样的事情。他一直说回到床上去,和妻子一起待在那里。静修会结束的时候,他们真的重新建立了连接,他们真的再次遇见了对方,也挽回了这场婚姻。

这是一位很有智慧的老师。他对他的资深学生很了解,那位自己准备成为灵性导师的丈夫,毫无疑问有一些很深的灵性觉悟。但他身上同时也表现出觉醒所带来的一个危险——一个人有可能开始逃避现实生活以及关系中的挑战。在关系中,你必须愿意不躲在超然状态中。你必须在某种程度上脱离超然状态,与人们和事情打交道。

这个学生曾经躲在自己的觉悟中。他开始不去处理那些令人不快或困难的事情。他正在把自己的觉悟当成让自己免于处理这些事情的借口。他的老师及时发现了这一点,很有智慧地把他放在一个特定的情景中,迫使他处理自己的状况以及与妻子的关系。他就不能只躲在超然状态中了。

最终,我们发现开悟——如果它是真正的开悟的话——不允许我们逃避任何事情。事实上,开悟的视角使我们很难去逃避,并且最终也不可能逃避我们生活中的任何部分。

因此,觉醒之后,许多人开始处理他们生活中以前未曾觉察的某些模式。有些人甚至会发现,他们的关系以及生活模式需要作出相应的改变。觉醒过程中的这一部分很可能非常令人害怕,因为突然之间,我们不再逃避自己了。我们会想:"我的关系能幸免于难吗?它能继续维持下去吗?我的爱人会不会离开我,我的朋友还想继续和我做朋友吗?我的工作环境、我和老板的关系,或无论别的什么,还会照常运转吗?还是会发生出乎意料的改变？"

当然，大多数人都害怕改变。我们或许想要改变，但是改变永远都有一种未知的成分，你永远都不知道事情的结局会怎样。这是彻底觉醒的过程中非常重要的一部分：我们必须得彻底摆脱隐藏。我们必须如实地面对自己的生活。这份关系令人满意吗，它是否建立在真相的基础上？我并不是说某份关系是不是完美或理想。那并不重要。重要的是它是不是建立在诚实与完整的基础上。

在关系中，我们到底在跟对方身上的什么东西相处？与对方相处时，我们到底基于什么样的出发点？与对方相处时，我们的出发点是不是看到对方就是我们自己，看到他们也具有和我们一模一样的自性？我们的一言一行是不是基于那个出发点？我们是不是愿意面对心中浮现的恐惧？正如我已经说过的那样，大多数人都害怕改变。我们害怕，如果我们走出隐藏，如果我们走出否认，就有可能失去爱人、朋友或伴侣。真相是，有可能。我们永远都不知道结果会怎样。

我经常告诉人们，开悟并不能保证从此以后你的生活就一定会如你所愿。生活会比以前好很多，但这并不意味着它会朝着你想要的方向发展。说到底，开悟是指真相，是指在所有的方面、在我们存在的所有层面上保持诚实。

开悟并不是一种逃避或超越。它是一种我们如实地面对自己的生活和关系的状态。生活本身就是关系。从终极的角度来看，它是一体自性与一体自性的关系、灵性与灵性的关系。然后这种关系又表现为各种各样的形式——关系的舞蹈、生命的舞蹈。在这个舞蹈中，极其重要的一点是，我们不逃避任何事情。

如果你真的试图逃避——如果你处在一份功能失调的关系中，如果你的工作非常乏味，而你选择不去处理它，这种否认所带来的后果是，你不会真正解脱。你永远都不能获得完全的自由，因为凡是我们选择视而不见的区域，最终都会对我们以及其他人造成影响。

摆脱否认这个要求并不是一件强加在我们身上的事情。或许听起来是这样；或许听起来好像我在这里说，"这是你需要做的，这是你应该做的，如果你那样做的话，你就会成为一个更好的人，过上更好的生活。"或许听起来是这样，但那根本不是我说话的角度。我只是说，觉醒的意识有它特定的运作方式。它从不否认任何事情，从不隐藏，也从不逃避生活中的任何部分。我们的真相、完全觉醒的意识同时也是彻底投入又勇敢无畏的。它出于无条件的爱与诚实，以自己特有的方式运作。促使一个人逃避灵性生活这个阶段的，只是我们头脑中的恐惧——构成自我这个幻觉的恐惧。

我想要强调这一点。如果你逃避生活中那些不和谐的层面、那些你或许依然否认的层面，这种逃避将会阻碍你的灵性觉醒。在灵修初期，它或许不会对你造成太多的影响。但是后来，随着我们的灵性觉悟变得更加成熟，就不再有否认的余地了。这一点是许多人始料不及的。我们很多人都以为，开悟之后，我们就用不着处理生活中那些让我们觉得不舒服的事情了。

觉醒可以成为我们面对每一个人和每一个状况的基础。它可以成为我们与生活中所有的境况打交道的基础。但是这需要许多勇气。它也需要我一直强调的某样东西：非常单纯的诚实。这种诚实源自于我们热爱真理，看到真理才是至善。

成为任何非真实的东西、逃避任何事情，都会削弱我们体验自己的真实自性的能力。正如我经常对我的学生们说的那样，不诚实地面对他人和生活中的状况，等于是在抑制我们对真实自性的表达。最终，我们必须看到真理本身是最高的善，真理本身是爱的极致表达和展现。终极而言，爱与真理没有区别，它们就像是一个硬币的两面。没有爱就没有真理，没有真理也就没有爱。

觉醒会使我们的内在生活与外在生活发生彻底的转变。再一次地，请不要以为这种转变是指拥有完美的生活、完美的工作、完美的伴侣、完美的婚姻或完美的朋友。这跟完美无关，只跟完整有关。它不是指让事情成为我们想要的样子，而是指让事情成为它们本来的样子。当我们允许事情成为它们本来的样子时，就会产生一种和谐感，我们的灵性觉悟与我们的人类特性之间的距离也会变得越来越小。觉悟与表达、觉醒与圆满之间变得浑然一体、天衣无缝。

最终，我们发现开悟——如果它是真正的开悟的话——不允许我们逃避任何事情。事实上，开悟的视角使我们很难去逃避，并且最终也不可能逃避我们生活中的任何部分。

第六章　一些常见的错觉、陷阱与固着点

如果你在觉醒之后，发现自己产生了一种优越感，不要试图推开它。不要试图推开任何负面的东西。但也不要喂养它。只需要看清它的本来面目。这是最重要的事情。

觉醒会带来一些常见的陷阱——我们很可能会被困在某些死胡同、旋涡或固着点中。理解这些陷阱非常有用,因为它们有可能非常狡猾,它们能够在你毫不知情的情况下,悄无声息地接近你。

这些错觉并不是觉醒状态的固有部分。正如我已经多次说过的那样,只是大多数人都处在短暂的觉醒与持久觉醒的中间地带。这个转变过程的一部分可能包括某些错觉的形成,自我试图抓住觉醒。它试图抓住觉醒所带来的觉悟,几乎就像它正在抓取原始的开悟能量,开始把它用于自己的目的。这些错觉的棘手之处在于,它们可能非常难以觉察,你周围的人或许看得很清楚,但你自己却很难发现。

现在请记住,并不是每个人都会经历我将要在这里描述的全部经验。觉醒不是线性的。如果我所描述的内容不在你的经验范围之内,那么你完全不必放在心上。

被困在优越感里

觉醒之后最常见的一个错觉是优越感。这个现象在灵修圈子里很常见。无论有没有觉醒,人们都有可能被优越感所困;这个陷阱有可能出现在梦境状态中,也有可能出现在一个人从短暂的觉醒到持久的觉醒的转变过程中。但是觉醒之后,自我头脑很可能又介入进来,它开始感觉到一种个人性的优越感,好像觉醒让自己变得比别人更好了。这种心态很常见,它几乎是觉醒过程的自然组成部分。

这个错觉中所固有的一种感觉是,我们知道某些事情。

因为我们已经觉醒了，我们知道。因为我们已经觉醒了，我们就是正确的。因为我们已经觉醒了，我们就总是正确的。这时候，自我，也就是梦境状态的营造者，有可能接受这种看法，开始营造一个我所谓的开悟的自我。这个认为自己已经开悟了，认为自己已经觉醒了的念头，利用觉醒所带来的一部分能量与觉悟，来营造一种全新又高人一等的自我感。

我见过许多经历过真正的觉醒时刻的人，他们利用自己的觉醒来忽略他们不想看到的任何事情。曾经有人对我说，"但是阿迪亚，根本没有自我，根本没有'我'。既然没有'我'，也就什么都不需要做。"而我会说，"是的，但是你有没有注意到，有时候你有惊人的能力去像傻瓜一样行事？"他们会说，"哦，这或许是真的，但是没有人需要对它做任何事情。一切都是自动发生的。认为我需要对它采取任何措施，只会使我更深地陷入到梦境状态的幻觉中去。"

当一个人被卡在这种状态中，也就是紧抓着自己的某些觉悟不放，躲在它们后面时，别人是很难让他意识到自己的问题所在的。当我们处在真正的觉醒状态中时，我们绝不会把自己觉悟到的真理当成逃避任何内在问题的借口。我们欢迎内在的一切进入存在之光中。一旦我们注意到自己正在把灵性觉悟当成一种借口，从而对自己的无意识行为视而不见时，就应该立即认识到这种行为源自于错觉状态。

正如我之前已经说过的那样，对事情的绝对看法是真实的。不存在分裂的作为者，自我是一个幻觉。终极而言，没有一个分裂的个体需要做任何事情，一切确实是自动发生的。然而除此之外，还存在着更深刻的真理。问题在于，这个更深刻的真理很难用语言来描述。

佛教中有一部经典叫做《心经》，上面这样写道，"无老死，亦无老死尽。"这是心经里非常重要的一个部分。没有出生、年老与死亡。从绝对的观点来看，这是真的。但是如果我们不能同时认识到出生、年老与死亡是没有终结的，我们的觉悟便是不完整的。如果我们的觉悟是不完整的，它就很容易被自我利用，成为逃避现实的幌子以及为许多无明之举辩护的借口。

在灵修生活中，这是一个很常见的现象。自我往往会对自己说，"哦，我已经觉醒了，我已经看到一切都是自发的。因此，我用不着为发生的任何事情负责。如果你不喜欢这个事实，那么我真为你感到遗憾，你只是还没看到实相的终极本性。"这是一种典型的自欺欺人的想法，建立在优越感的基础之上。正如我已经说过的那样，这种错觉很常见，这便是我为什么强调，在从短暂的觉醒通往持久的觉醒这一旅程中，我们最好的盟友是深刻的诚实。有了诚实，我们就能够认出这种优越感是傲慢心理的一种表现形式，是心灵利用灵性觉悟来逃避现实的一种手段。

作为一位灵性导师，我很难让人们认识到这一点。这类错觉背后隐藏着戒备森严的自我结构，它很难穿越。

有时候，已经瞥见过实相的人反而最难以参透自我。你或许会认为，如果有人曾经真正瞥见过实相，哪怕非常短暂，他或她的自我就永远不可能以这样一种戒备森严的方式重新构建自己。但事实并非如此，就算有些人曾有过觉醒的经验，他们也可能会陷入极大的错觉妄想中。

在多年的教学生涯中，我所看到的情况是，这些具有明显优越感的人通常想要确保别人会听他们说话、了解他们所知道的事情。他们想要确保别人同意他们的看法，或者是，如果别人知道他们已经开悟了就更好了。我曾经碰到过有些人在我讲课的时候直接跳上讲台，抓起麦克风，开始告诉听众他们对真理的看法。在那样的时刻，我感觉我大概无法让这些人意识到自己的问题所在。然而，只要假以时日，生活会让他们明白。生活的美妙之处在于，当我们的言行不合乎真理时，它不会一直奏效。它总会在某个时候失灵。生活终究会以某种方式击败我们。最终，我们将遇见自己。一个人不可能永远欺骗自己，毕竟生活不是这样运作的。

我们每个人都得审视自己，看看自己有没有任何膨胀感、任何优越感，有没有看不起我们认为还未觉醒的人。如果你确实有一种优越感，请记住这一点：一个真正觉醒的人是不会这样看待他人的。这是紧抓着觉醒不放，假装自己已经觉醒的自我的看法。

另外需要知道的一点是，一个人觉醒之后，产生某种程度的优越感是很正常的。禅宗里有一个说法："沉醉在空性里。"它的意思是沉醉在觉醒本身的内在能量与美妙感觉里。现在，如果自我结构在觉醒的那一刻已经被完全化解掉的话，就没有一个会醉掉的自我。但是大多数情况下，这并不会发生。大多数情况下，残存的自我结构会欣喜若狂地沉醉在觉醒所带来的领悟中。再一次地，我并不是说这是不好的，我只是说它会发生，在有些人身上非常明显，有些人身上则不易察觉。

如果你注意到这种情况正发生在自己身上，只需要觉察它。你选择害怕它，而不是相信它，把它表现在言行中，并不会使它更快地离开你。你只需要认清它的本来面目——对许多人来说，它是觉醒过程的一部分。

如果你对自己诚实，就会知道任何优越感都不是真的。你会觉察到你正在对自己说什么，以及你的头脑正在说什么，才让你觉得自己比别人优越。请记住，是我们的头脑在迷惑我们。所有的错觉妄想都始于头脑。所有的错觉都源自于我们正在告诉自己并信以为真的各种想法。

化解任何错觉、识破任何制造分裂的伎俩的关键是，揭露它的起源。你正在告诉自己的哪些想法，以至于让你产生了一种分裂感——无论是优越感还是别的什么？

有一次，耶稣碰到一群人，他们正准备用石头砸一位妇女，耶稣对他们说，"你们中间谁没有罪的，就可以扔第一块石头。"这里，耶稣正在从与其同属一体的心灵状态出发，无论那位妇女犯了什么罪行，他并不认为自己比她优越。耶稣的意思是，我们每一个人都是有罪的。罪意味着没有实现预定的目标，没有哪个人是没有错误想法的。我们全都做过让自己后悔不已的事情，我们全都有过不那么神圣的行为。我们每个人与其他人都没什么区别。因此，当我们从空性的观点出发来看待事情时，任何优越感都会烟消云散。

如果你发现自己身上存在着优越感，最重要的事情是不要相信它。不要试图推开它，但也不要相信它。如果你只是待在观照的状态里，既不相信它，也不把它推出你的身心系统，化解就会发生。如果你试图推开它，请记住，凡是你所抗拒的，都会继续存在。无论你试图推开什么，你事实上正在赋予它能量。

我有一个亲身经历的故事，我想它可以很好地说明一个人隐藏的优越感是如何产生的，以及我们该如何处理它。我还记得我是在25岁那一年有了第一次真正的灵性觉醒。它非常强烈，彻底解放了我的身心。当时我只是一个25岁的小伙子，突然间身心中不再有任何恐惧了。我知道自己是不死的，任何东西都无法伤害我，所有那些与生俱来的生存本能消失得无影无踪。

在那次觉醒的几个月之后，我去见我的老师。我总是在每个星期天早上去见她。我们会坐在那里冥想，她作一小段开示之后，我们再冥想一会儿，然后我们所有人一起吃早餐。这一次，当我和其他所有学生在那个房间里坐下来时，这种优越感在我心里油然而生。事实上，它让我很吃惊。一段时间之后，我开始叫它"优越先生"。

我坐在那里冥想，突然间这位"优越先生"出现了。我四下打量，觉得房间里的其他人什么都不懂。他们对真理一无所知，他们对实相一无所知。而另一方面，我则有过这种非凡的觉悟。我立刻被这种想法吓坏了，因为很幸运地，我知道这不是真的。觉悟本身已经让我看到，优越感是一个彻彻底底的梦境、一个自我的妄想。但是这种认识并不能阻止"优越先生"登场。

由于我已经有过觉醒的经验这一事实，我的头脑正在形成这种巨大的优越感。与此同时，我内心深知，这种感觉在真理中是站不住脚的。为了除掉"优越先生"，我用尽了所有的办法。刚开始，我只是试着提醒自己这不是真的，回到心中那个没有任何优越感的地方。然而过了一周又一周，每次我去老师那里冥想的时候，这种优越感都会再次浮现。

我用尽了所有办法。首先，我试着恨它恨得要死。然后我又试着爱它爱得要死——接纳它，允许它存在，希望它会因此离我而去。我会观察它来自哪里，它为什么浮现。几个星期过去了，我尝试了我能想到的每一种策略，试图清除它，却无一奏效。每个星期天早上我都会去老师那里，坐下来，然后"优越先生"会再次浮现。

最后有一天早上，我意识到我对这位"优越先生"完全无能为力。就好像是我被彻底击败了。我意识到我已经用尽了所有的办法来除掉它，而什么办法都没用。我什么都做不了。

这并不等于忽略，这并不等于我对它视而不见。这是一种真正发自内心的觉悟。这一刻，我彻底失败了。我看到，不管我的灵性觉悟有多高，我依然会被打败。哪怕在觉醒发生之后，我心中依然会浮现某些虚假的观念，我依然无法除掉它。

我坐在那里，允许自己被打败。我又继续冥想了一会儿，然后和其他人一块起来，开始吃早餐。我注意到，当我们一起坐下来吃早餐的时候，优越感消失了。这并不是因为我突然理解了什么事情——优越感的消失，也没有任何理由。我意识到，我对它完全无能为力。面对无论我用什么办法都无法除掉优越感这个事实，我第一次体验到了个人意志的徒然——以后我还有更多这样的体验。

所以，如果你在觉醒之后，发现自己产生了一种优越感，不要试图推开它。不要试图推开任何负面的东西。但也不要喂养它。只需要看清它的本来面目。这是最重要的事情。

无意义感的陷阱

在从对觉醒的最初一瞥通往持久的觉醒这一过程中，还会出现其他的陷阱。再一次地，这些陷阱或死胡同并不是觉醒本身所固有的，这些错觉源自于头脑与觉醒的视野之间的关系。觉醒的视野远远超出了头脑的理解范围，而头脑的内在特性是容纳它所看到的一切。头脑是觉醒之后出现的这些错觉的源头。

这些陷阱中最常见的一个是无意义感。根据我们对实相的全新看法，我们摆脱了自我想要寻找意义的欲望。我们看到，自我想要寻找生命的意义这一欲望，事实上取代了我们就是生命本身这一认识。寻找生命的意义，取代了我们就是生命这一认识。只有已经与生命本身决裂的人，才会寻找意义。只有已经与生命决裂的人，才会寻找目的。

我并不是说人们不应该寻找意义或目的，意义和目的是相对明智的策略，能够帮助人们更好地应对生活。但是请记住，就终极而言，渴望发现生命的意义、发现存在的目的这一心态，源自于梦境状态——在梦境状态中，我们不知道自己是谁，不知道自己的真实自性。

当我们有了真正的觉悟，当我们从梦境状态中醒过来时，我们才认识到寻找意义不再是恰当的行为了。当我们与生命建立了直接的连接时，对意义与目的的追寻突然间变得无足轻重、无关紧要了。它不再是我们生命的动力了。寻找意义与目的的动力消失了，因为我们开始用全新的视角来看待事情——在这一视角中根本就没有意义与目的这回事。在自我看来，它们不复存在了。

觉醒之后，我们看清了梦境状态的本来面目。梦境状态怎么会有意义呢，梦境状态怎么会有目的呢，它只是一场幻梦，不是吗？这一点千真万确。但是正如我已经说过无数次的那样，觉醒之后，依然存在着一个具有人类头脑的人，他正试图搞清楚自己所面临的全新的状况。头脑甚至试图搞清楚觉醒本身。由于大多数人身上的自我并没有完全消失，头脑继续试图理解觉醒所带来的洞见。头脑会开始说："哦，天哪，我不再有任何目的或意义了。"你已经看到了太多的实相，因而不再相信自我的目的或意义了。然而，你身上依然残留着足够多的自我结构，想要继续寻找意义与目的。自我的幻觉注意到意义已不复存在，可以说它正在窥视真理，而这会让它非常迷惑。

正是在这样的时刻，有些人掉进了无意义感这个陷阱里。生命似乎没有任何意义。从最负面的意义上来说，生命没有任何目的。这就好像自我是一个巨大的气球，而现在它里面所有的空气都被放掉了。在你看到过实相之后，气球里的空气就被放掉了，剩下的只是一块软绵绵的橡皮。但是气球还在那里，它在问，"发生了什么事情，空气去哪里了，我生命的意义去哪里了，我的目的去哪里了？"

由于自我结构的残骸依然存在，一个人有时候很容易陷入无意义与无目的的负面情绪中。从觉醒的观点来看，没有意义与没有目的是一个极为正面的说法。之所以说它正面，是因为一个人已经找到了比意义或目的更好的东西。一个人已经觉醒到自己就是存在本身。还有什么比这更有意义，还有什么比这更有目的？

从自我的观点来看，这可能是毁灭性的打击。如果你不注意的话，很可能会被困在自我的旋风或潮池中，陷入抑郁状态。多年来，我曾遇到过一些真正瞥见过实相的人，但他们的自我对他们看到的实相的反应非常激烈。自我对他们所看到的实相作出反应，这种反应可能非常负面。自我或许会因此变得郁郁寡欢。意义与目的已经在它的结构里消失殆尽了，然而还有足够多的自我，坐在那里哀悼它失去的一切。

有些人可能会被这种抑郁状态困住很长一段时间。无意义感的一副解药是，看到我们只是从自我的观点出发来看待真理。在自我看来，它从觉醒中捞不到任何好处。觉醒是从自我中醒过来，所以在自我看来，觉醒没有任何益处。觉醒对存在有益，对你的真实自性有益，但是它不能给自我带来任何利益。事实上，再没有什么事情比从自我的立场出发来看待真理更具毁灭性的了。一个人或许会认为如果自我能看到真理的话，会是件很美好的事情，自我将沉浸在喜悦与快乐中，但情况通常不是这样的。

被困在空性状态中

你有可能发现另一个与被困在无意义感中非常相似的陷阱：被困在空性状态中。这是被困在超然状态中，被困在观者的位置上的一种表现形式。

刚开始,处在观照状态中,认识到我们不是正在观照的人,而是观照本身,会是一种非常美好的感觉。尽管我们确实是万事万物的观者,但也很容易因此陷入迷惑之中。

自我能在任何地方安营扎寨,它有七十二变。如果优越感行不通,无意义感或许会行得通;如果无意义感行不通,那么化身为超然物外的观者或许会行得通。自我时时刻刻都在变化之中。一旦它在你的某个存在层面中发生了,就会立即溜之大吉,再次出现在另一个地方。它非常精明,非常难以捉摸。事实上,正如我所看到的那样,自我的幻觉是整个大自然中最让人叹为观止的一股力量。

"我"或自我,能够以观者自居。刚开始,这会带来一种巨大的释放感,尤其是那些曾经在生活中有过许多痛苦经验的人。突然之间他们成了观者,不再与自己生活中的角色认同,这会极大地缓解他们的痛苦。但是观者的位置会变成一种固着,出现这种现象时,其心中就会开始滋生出一种枯燥感。在这种情况下,观者看到自己与观察对象是分离的。当然,这意味着他还没有获得真正彻底的觉醒。这种情况更像是一个人只觉醒了一半。

圣者拉玛那·玛哈希过去经常引用一句古老的印度格言:"世界是个幻觉。只有梵是真实的。世界就是梵。"这句格言探讨的是觉醒所带来的某些洞见。第一个洞见,"世界是个幻觉,"这并不是一个哲学理念。看到世界是个幻觉、是觉醒经验的一部分、这是我们直接了然于心的事实,我们发现根本没有独立于我们之外的客观世界这回事。因此,第一句话指的是觉悟所带来的这一洞见。

第二句话，"只有梵是真实的，"旨在帮助我们认出永恒的观者。世界的观者是唯一真实的存在。从这个觉醒的视角出发，我们经验到观者比观察对象更为真实。在我们眼中，观察对象就像是在我们面前展开的一场梦境、一部电影或一本小说。这一视角中包含着巨大的自由，但是我们也极有可能被卡在"我是眼前景相的观者"这个观念中。

到目前为止，我们已经看到这两句话是真的："世界是个幻觉。"以及"只有梵是真实的。"（第二句话也可以被理解为"只有观者是真实的。"）但是如果没有第三句话，"世界就是梵。"我们就不会拥有真正的空性觉悟。在"世界就是梵"这句话里，我们觉悟到了真正的一体性。"世界就是梵"瓦解了外在的观者这个位置。观者的位置瓦解了，融入了整体之中，突然间我们不再从外面观察事物了。事实上，观察同时发生在每一个方位上——里面、外面、周围、上面、下面。我们同时从里面和外面观察所有地方的每一样事物，因为观察对象就是观者。观者与观察对象是一样的。除非我们觉悟到这一点，否则就会被困在观者的位置上。我们会被困在超然的空性状态中。

我记得有一次一位女士和我分享她的觉醒经验。事实上我后来叫这个人几年以后开始教学。她第一次来见我时，就把她看到的一切以及她的觉悟告诉了我。她正在寻找某个可以交流的人，不一定是老师。事实上那时候她并不需要接受教导；她只需要有个人能听懂她说的话以及能用和她一样的眼光来看待事情。

我们一起坐在房间里交谈，她向我描述发生在她身上的状况。由于觉悟以及发现我们的真实自性所带来的极度喜悦，热泪止不住地顺着她的脸颊往下流淌。我对她说的第一句话就是，"这一切非常美好，但不要被困在不灭之境中。"

我的意思是不要被困在超然状态中。超然状态是真实的，它非常美妙，但是不要被困在那里。事实上，我们不应该被困在任何地方。我们不应该固着在任何地方。我们不需要紧抓着任何观点不放。

真正的觉醒和开悟就是放下所有的执著——放下所有的观点。这种状态是难以言表的。我们无法用概念来描述这是一种什么样的状态。在此之前，我们总是能够或多或少地用概念来描述事理。作为老师，我能够解释觉醒的某些方面——就像我喜欢说的那样——是开悟之钻上的某些切面。我总是能够谈论某些切面，某些角度。但是你如何谈论整颗钻石呢？

答案是你不能。正如道家圣哲老子所说的那样，"道可道，非常道。"这像是在说，能够被说出来的真理，就不是真正的真理。这便是为什么我总是告诉我的学生，我的教学目标是失败——尽我最大的能力失败。试图描述不可言说的真理，就是从一开始就知道你注定会失败。所以我的目标是尽我最大的能力在描述不可言说的真理这件事上失败。尽管我不能描述整颗钻石，但我还是能够从真理之境出发谈论事情。这样或许有听众从同样的地方出发来聆听。那个地方并不属于我一个人，那个地方是我们真实自性的一部分。那是了悟之境。

真理不是某个人的私有财产。没有哪个人拥有全部的真理，也没有哪个人拥有比别人更多的真理。或许有些人觉悟或忆起的真理比其他人多一些，但是我们需要明白真理不属于任何人。没有人占有我们的真实自性。这是一份人人平等的礼物。觉醒的旅程就是忆起我们的真实自性，忆起我们一直以来都知道的真相。

觉醒之旅上的这些固着点，无论是优越感、无意义感还是被困在观者的位置上，不过是自我迷失在觉悟的纯净氛围里的少数几种表现形式而已。这么说或许难以理解，但是在实际经验中，这种情况一直都在发生。它们也是觉醒旅程的一部分，这正是为什么我说它是自然的。

如果我们对自己诚实的话，就会一点点地开始看到我们什么时候又陷入固着中了。在某个地方、某个时刻，以某种方式，我们心中有个部分意识到我们的觉醒是不完整的。

我能记得我几年前处在观者位置上的情形。刚开始，这种感觉非常美妙、非常深刻、非常具有转变心灵的力量。但是随着时间的推移，我开始听到这个直觉、这个小小的声音，它对我说，"这并不是觉醒的全部，这不是真正的一体之境。"观者完全超越了我所认为的那个"我"、我所想象的那个人。但是观者与观察对象不同这个幻觉依然存在。对于我，也对于其他许多人来说，觉醒之旅的下一个阶段就是瓦解观者的位置。一旦我们看到"如果观察与观者不同，那么就意味着我们的心灵中还存在着一种内在的分裂这一事实"时，观者的位置就开始瓦解了。让自己看到这种内在的分裂，是瓦解超然物外的观者身份的开始。随着这种瓦解，你开始看到自我成分正在把观者的位置当成一种逃避的手段，不让生活触碰自己,不去感受某些情绪,不以一种如实的、人性的方式直接而亲密地面对生活。

正如我已经说过很多次的那样,看清幻觉是化解幻觉最重要的一个因素。但是不要误会——仅仅因为别人的解释才看到自己身上的固着是不够的。让别人指出你的问题所在是不够的。你必须亲自发现自己身上存在的问题。

你需要安静地坐下来,深入地思考这些观念。不要仅仅因为我说它们是真的,就想象它们是真的。我们全都需要亲自在自己身上发现这一点,就像第一次面对它一样。这些教导事实上只是在邀请你更深入、更亲密地审视自己,更诚实地面对自己。

因为从某种意义上来说,真相即我们全都是单独的。我们必须亲自探索,没有人能替我们做这个内在的功课。没有人会把手放在你的头上,一劳永逸地把你唤醒。觉醒不是这样发生的,我们越早摆脱这个幻觉越好。

当我们为自己的生命负责时,完全的觉醒就会到来。我的意思是,我们必须承担起审视自己的责任——发现我们其实有能力以超乎我们想象的深度来审视自己。只要我们还继续依赖别人、依赖某个外在的权威,就不太可能发现这个能力。

我在这里只是提供给你一些提示和线索,去质疑那些你已经信以为真的答案。老师的真正职责是质疑学生们的答案,而不是坐在那里给出自己的答案。大多数来找我的人已经认为自己知道一些事情。我的工作是质疑他们认为自己已经知道的事情,从而把他们带回到他们自己那里。

通过深入地审视自己,我们开始找到我们自己的方法来摆脱这些死胡同。在这个过程中，会有别的事情开始发生。当我们的自我不再固着时——当自我不再试图重建自己，并变成一个"开悟的自我"时，当它不再根据实相的本性得出一些虚假的结论时，就会有一个全新的世界展现在我们面前。当这些迷惑由于我们的探索、冥想以及深入的观察而开始消亡时，我们的灵性生活就会开始进入一个全新的领域。

这是一个完全不受自我幻觉左右的领域；这是一个不断敞开、不断深入地忆起我们精微的真实本性的过程；这是我们每个人内心深处的召唤；这是灵性在展现自己的本性。

有时候，已经瞥见过实相的人反而最难以参透自我。你或许会认为，如果有人曾经真正瞥见过实相，哪怕非常短暂，他或她的自我就永远不可能以这样一种戒备森严的方式重新构建自己。但事实并非如此，就算有些人曾有过觉醒的经验，他们也可能会陷入极大的错觉妄想中。

第七章　生活是一面帮助我们觉醒的镜子

神性本身便是变化莫测的生活。神性正在利用我们生活中的境遇来实现自己的觉醒，而很多时候只有艰难的处境才能唤醒我们。

我想要分享我自己的觉醒旅程中的某些事情。在前面几个章节里，我们一直在探讨从我所称的短暂的觉醒到持久的觉醒这个转变过程。跟大多数人一样，对我来说，在25岁那年发生了最初的深度觉醒之后，我经历了一个长达七年之久的心灵转变过程。我已经谈论了发生在我身上的一些事情。但是现在我想要阐述另外一件事情，也就是生活本身如何能够成为我们最宝贵的老师，一般的灵性探讨很少提及此事。我会用我的一些亲身经历来说明这个观点。

我生性争强好胜。在我一生中的大部分时间里，这种性格表现在我所参加的各种各样的运动中。我从13岁起就开始参加自行车比赛。从十八九岁到二十出头那几年间，我一直都在参加高水平的比赛。训练和比赛占据了我很大一部分的生活。所以当我在25岁那一年有过瞬间的觉醒、我的生活开始走向一个完全不同的方向时，我非常吃惊。它完全出乎了我的意料。

随着时间的推移，我开始感觉到我经验到的觉醒并不彻底——我能够判断，我自我人格结构中的某些部分并不完全契合我觉悟到的真相。我试图通过自己的灵性修习来解决这个问题，当时我主要是修习冥想以及书面的自我探询。

除了我们的灵性修习之外，还有生活本身。就在发生这次觉醒经验后的一年内，我患上了一系列的疾病，它们把我彻底击垮了。这不仅给我的身体、同时也给我身上残留的自我结构带来了很大的麻烦。在过去的十五年里，我很大一部分的自我身份完全建立在成为一名运动员以及保持身体健康这个基础上——比我认识的99%的人都要健康。

我围绕着成为身体条件出众的人这个基础，形成了一种强烈的自我感。我说的出众，并不是指身材高大——因为我不是这样的人。我是一个短小精悍的人，但是作为一名自行车选手，我不需要身材高大才能表现出众——它是指比自己的同龄人更加健康，我绝大部分的自我身份都建立在出众的身体条件这个基础上。

然而在生病期间，这个身份被彻底粉碎了。当你躺在病床上日渐衰弱的时候，很难再保持运动员这个身份，更不用说是出色的运动员了。

在生病初期，每当我开始觉得自己的身体状况有所好转时，就会跑出去骑自行车。当然，这让我的身体重新陷入了不堪重负的状态中，我再次生病。几个月来，我就这样不断地生病，又不断地试图恢复健康，来来回回地折腾，在这个过程中，我的病情日益加重。最后我病得如此厉害，不得不在床上躺了整整六个月。

六个月快结束时，我有了一个深刻的觉悟。那并不是开悟或觉醒，但它是一个非常重要的觉悟。我意识到我不再是一名运动员了。我不再符合作为一名运动员的标准：我的身体不够强壮，我没有很好的耐力，我不再是一名优秀的自行车选手了。"运动员"这个人格面具不再属于我了。

随着我的身体日渐好转，我产生了一种不可思议的如释重负的感觉，因为我不再需要成为那个身体条件出众的人了。当然，我25岁那一年的觉醒经验已经让我看到，我并不是那个人。但是正如觉醒之后经常会出现的情况那样，自我结构并不会这么轻易就范。所以一恢复健康，我就开始看到这场疾病是一份真正的礼物、一份恩典。它使我变得像小狗一样虚弱，在这个过程中，它使我最终放下了成为一名运动员这个自我要求。这是一种我什么都不是的轻松感。它让我更加深切地体会到我在25岁那年觉悟到的真相——我不是一个人，我没有出生、没有死亡、未经创造。在这样一个极为人性的层面上体会到自己什么都不是，是一件非常奇妙的事情。

我很希望我能够告诉你们，这次自我感的瓦解与崩溃是终极的。但是随着我的身体日渐好转，我又开始锻炼了。我一直都非常喜欢体育锻炼。我的身体喜欢被锻炼，我在体育锻炼中找到了许多乐趣。再次骑上我的自行车是一件多么令人高兴的事情啊——穿过森林，穿过高山，在我的住所周围游荡。这一次甚至比以前更令人愉快，因为我可以尽情享受骑车本身的乐趣，不再需要与人竞争。我不需要具有出众的身体条件，我只是单纯地骑车。

但是随着时间的流逝，我注意到我不再只是单纯地享受骑车的乐趣了。我开始不知不觉地转入训练模式，好像我又成了一名自行车选手。事实上我不再是自行车选手了，我几年前就已经退役了。然而，我发现自己正在像准备参加比赛一样训练。我很清楚自己在做什么。事实上我会对自己说，"我知道我继续训练的唯一原因是，这样我就能重新恢复我的自我人格结构。"我清楚地知道正在发生的一切，但还没清楚到可以放下它的地步。我还没准备好放弃重建自我。结果，我发现自己正在像准备参加奥运会一样训练。一年以后我又生病了，又患上另外一种重病在床上躺了整整六个月。建立在成为一个身体条件出众的人这一基础上的整个自我身份再次被挤出了我的身心系统，而我再次感觉到一种不可思议的轻松感。这种轻松感来自于我不需要成为某个人、不需要用特定的眼光来看待自己。

第二次生病之后，我再也不渴望恢复那个旧有的人格面目，成为过去那个身体条件出众的人了。我依然能在锻炼和使用自己的身体中找到乐趣，但是那第二次疾病彻底消除了我想要根据身体形象建立自己的自我身份这一自我倾向。这是一种巨大的释放和巨大的喜悦。

我很希望能够告诉你们我是通过灵性修习、自我探询或冥想做到这一点的。但是在我的情形中（我认为许多人也和我一样），最有效的化解自我的溶剂是在我自己的生活中找到的。它来自于生活本身，来自于我们日常生活中实际发生的事情。

我发现灵修人士经常忽略这一点。我们许多人都把灵修当成逃避生活、逃避去看那些我们需要看的事情、逃避直接面对我们自己的误解与幻觉的一种手段。我们需要知道生活本身往往是我们最伟大的老师。生活中充满了恩典——有时候甚至是美好的恩典，一些充满喜悦与快乐的时刻，有时候则是严厉的恩典，比如像疾病、失业、失去爱人或离婚。有些人在陷入上瘾症中无法自拔的时候反而获得了意识的最大提升，他们发现自己开始寻找一种不同的存在方式。生活本身就具有让我们看到真理并唤醒我们的巨大能力。然而，我们许多人都在逃避这个叫生活的东西，尽管一直以来它都在试图唤醒我们。

神性本身便是变化莫测的生活。神性正在利用我们生活中的境遇来实现自己的觉醒，而很多时候只有艰难的处境才能唤醒我们。

具有讽刺意味的是，大多数人都把自己的生活浪费在逃避痛苦的境遇上。我们并不能真正做到这一点，但我们总是试图逃避痛苦。我们有一个无意识的信念，认为我们意识上的最大提升总是来自于美好的时刻。我们或许真的能通过一些美好的时刻获得意识上的巨大提升，但我得说，大多数人都在艰难的时刻中获得了意识上的最大提升。

许多人不想承认的这个事实——我们最大的困难、痛苦与磨难其实是一种严厉的恩典。如果我们已经准备好面对它们的话，它们会是我们觉醒过程中非常有效和重要的组成部分。如果我们已经准备好转过身去面对它们，就能看到和收到它们带给我们的礼物——就算有时候我们会觉得这些礼物是强加在我们头上的。无论我们面临的境遇是疾病、亲人的离世、离婚、上瘾症，还是工作中碰到的问题，都应该直面它们，以便看到其中所包含的礼物。

在我的情形中，我很想自己能够告诉你们，在经历过两次严重的疾病之后，我的自我结构已经被化解殆尽了，它不再试图重建自己，我时时刻刻，在所有的情况下都活在纯粹的存在状态中。不幸的是，很显然我的业报并没有这么单纯。我还得经历更多的考验。事实上，我后来经历的考验远远超出了我的想象。

在第一次觉醒之后，我的一位老师对我说了一些当时听起来非常奇怪的事情。我能够判断我的老师听说了发生在我身上的状况之后感到很高兴，她认识到在我身上发生了重要的事情。然而就在同一次会面中，她告诉我得警惕某些事情。她说,"你有可能用这些方式来抛弃你觉悟到的一切,来逃避你觉悟到的真理。你有可能用这种方式让自己重新陷入沉睡中。"

每当我说起这个故事,人们总是会问,"那些方式到底是什么?你的老师到底跟你说了什么?"但是我的感觉是,那些方式是完全针对我个人而言的,它们并不是普遍适用的。有趣的是,我的老师跟我说了四五件需要警惕的具体事情,许多年以后我意识到她曾经警告过我的每一件事情都发生了。我干了她警告过我的每一件事情。

当然,我经受住了所有的考验。这并不是说做那些事情是错误的。事实上,正是通过经受考验,我才明白自己多么有必要经历那些错误。

我的老师给我的最严重的一个警告在当时听起来非常奇怪。她告诉我要小心,因为许多处在我这个阶段的人通常会遇上某个人,和那个人坠入爱河,并一起去旅行,借此来逃避自己。当时我想,"这到底是什么意思?"这个警告似乎太牵强、太具体了——不只是遇上某个人,而且还坠入爱河,一起去旅行。这似乎完全不符合我当时的状况。

但是让人意想不到的是,大约四年半以后,我遇到了一位女士。这是一个人可能碰上的一种情形:我们的关系就像是魔术贴。我内在每一个匮乏、上瘾或病态的方面,都与这个人"相得益彰"。她内在每一个病态的方面也与我内在病态的元素"相得益彰"。这段关系建立在一些非常无意识的模式之上。

我不想告诉你们整个悲惨的故事,但是总而言之,我们确实一起去国外旅行了。事实上,这段关系极其困难。它触到了我心中隐藏的每一个痛处。它以一种我从来都不敢相信的方式触碰了我，我所遭受的痛苦也远远超出了我的想象。

这段关系是一场功能失调的灾难，经过这场灾难之后，我的情感世界变得千疮百孔、满目疮痍。在某个时刻，我意识到这样的处境实在太荒谬了。"我到底在干什么？"我想。"我是怎么落到这种地步的，我怎样才能摆脱目前的状况？"那一刻我开始认识到一件重要的事情：由于没有诚实面对自己，我再次陷入了难以自拔的处境中。我被欲望与迷恋冲昏了头脑，没有诚实地面对正在发生的一切。

我意识到摆脱这种状况的唯一办法是，开始对自己彻底诚实，开始为我当前的处境完全负责。我发现做到这一点的唯一办法是，放下我所抱持的每一个自我意象。因为每一个意象，不管是认为自己是一个好人、一个乐于助人的人、一个觉醒的人、一个智慧的人，还是一个愚蠢的人，都在某种程度上无意识地促使我陷入这个处境。

摆脱这段关系的唯一方法是，开始放下当初让我陷入情网的每一件事情。让我陷入情网的原因是，我从自我的角度出发来看待自己。唯一的出路是放下我想成为的那个人。

正如我已经说过的那样，我不想讲太多的细节，免得让你们感到厌烦，但是通过这个过程，与以前相比，我的自我发生了更深入、更彻底的瓦解。这种瓦解过程并不像你只是坐在那里冥想，你的自我感悄然融入一种美好的存在状态中，而更像是有人正在一层又一层地扒去我身上的皮。这种感觉非常狼狈。它一点也不美好，一点也不温和，一点也不容易。那就像是存在本身把一面镜子推到我面前，并把我按在那里，使我片刻都无法将眼光从自己身上移开。

毫无疑问，这是我一生中最难熬的一段时光。然而，这个过程让我终于找到了足够的愿心放下我的每一个自我意象。我能够放下可能出现的每一种自我感——无论是美好的自我感还是糟糕的自我感，乐于助人的自我感还是袖手旁观的自我感。我最终允许这段经历唤醒我、让我清醒过来，从而得以放下一切。这段关系及其最终的破裂，使我的人生跌到了谷底。我就像是一块被挤干的破布——好像所有的自我感都被挤出了我的身心系统。但是通过这次经历，我开始感觉到我身上正在发生奇妙的转变：我开始感觉到业报带来的制约被挤出身心系统之后的自由感。

自从25岁那一年有过觉醒经验之后，我认识到我不只是我的身体、头脑或人格；我认识到一切都是一场梦。但是我没有认识到的是，尽管你知道那是一场梦，你还是得处理它。如果身体、头脑与人格依然处在分裂状态中，如果你的身心系统中依然存在悬而未解的冲突，梦境状态的引力就会再次把意识拉入痛苦之中。

我看到，终极而言，身心中发生的一切状况都是不可避免的。每一件事情都需要得到处理——每一件事情、每一件事情都需要被看透。如果一个人需要具体展现、彻底活出他觉悟到的真理，那么这个过程——无论它有多么艰难——是我整个一生中所经历的最重要的过程之一。它就像是我经历之前描述过的那两次疾病。从那之后，我再次感觉到自己什么都不是。这不只是绝对层面上、觉醒层面上的一个观念，同时也是具体层面上的切身感受。作为一个人，我在内心深切地体验到自己什么都不是。这听起来或许很消极，但是当你全然体验到这种感觉时，它其实非常积极——它能让你变得谦卑。

我之所以讲这个故事，是因为每个人都有一个故事。我们全都有自己的经历，生活试着在这些经历中举起一面镜子，它挤出我们身上受制约的自我，挤出我们的抓取与执著，挤出我们所有的信念、观念、概念与自我意象。

如果我们愿意的话，就会看到生活时时刻刻都在唤醒我们。如果我们没有与生活和谐相处，如果我们抗拒生活，那么它就会是一个艰难的过程，正如我自己的生活所证实的那样。

当我们不愿意看生活试图让我们看的东西时，它就会愈演愈烈，直到我们愿意看我们需要看的东西。从这个意义上来说，生活本身就是我们最好的盟友。"生活是你最伟大的老师"这句话几乎成了灵性圈子里的陈词滥调。学生们点头称是，似乎他们知道那是什么意思。但是只有当我们亲身经历时，只有当我们允许生活在我们面前举起一面镜子、让我们看清自己时，才会知道它究竟是什么意思。

认为开悟只会通过美好的经验降临在我们身上，是一种自欺欺人的想法。是的，确实存在一些特殊情形，有人突然间觉醒了，他没有太多的业报制约需要看穿，但这种情况是非常罕见的。对我们大部分人来说，通往开悟的道路并不是一帆风顺的。我们需要承认这一点，否则我们就只会追求那些让我们感觉良好的东西，追求那些符合我们对觉醒之路的设想的东西。对大多数人来说，觉醒之路上确实会有一些美好又深刻的瞬间与觉悟。但是这同时也是一件非常现实的事情。当大多数人说自己想要开悟时，他们想要的并不是开悟。真相是，大多数嘴上说想要觉醒的人，并不真的想要觉醒。他们只是想要自己心目中的觉醒。他们真正想要的是，快乐地活在梦境状态中。如果他们的心灵只进化到这个层面的话，这也没问题。

但是真正的、发自内心的开悟冲动，远比想要把我们的梦境状态变得更好这一欲望更为深刻。拥有这种冲动的人，愿意为了觉醒而承受他需要经历的任何事情。真正的开悟冲动是一种内在的祈祷，祈求任何有助于我们彻底觉醒的事情发生在我们身上，而不管其结果是美好的还是可怕的。这种冲动不会设定任何先入为主的条件，告诉我们需要经历什么样的事情。

在某种程度上，真正的觉醒冲动可能会让人害怕，因为当你感觉到它时，你知道它是真的。当你放下了所有的条件时——当你放下了你想要自己的觉醒是什么样子、你想要灵性旅程是什么样子时，你也就放下了虚幻的控制感。

我并不想树立另一个观念，让你以为觉醒一定是艰难的。甚至连这个观念也是一个幻觉、一个意象。觉醒本身不一定是艰难的，但是在从短暂的觉醒通往持久的觉醒这个过程中，我们需要付出的代价往往比我们原先想象的要多。

事实上，我们得愿意失去我们的整个世界。当你第一次听到这句话时，或许会觉得它很浪漫——"哦，是的，带上我吧！我愿意失去我的整个世界。"但是当你的整个世界开始分崩离析时，当你开始摆脱深不可测的否认状态时，就完全是另一回事了。它变成了一件更真实、更现实的事情。有些人愿意去经历它，有些人则不然。

我们不需要持有任何先入为主的观念，认为一个人怎样才能觉醒——无论认为觉醒是容易的还是困难的。它可能是容易的，也可能是困难的。它可能既容易又困难。它可能是你所能想象的任何事情，也它可能是你意想不到的许多事情。这便是给予这种教导、讲述我自己的故事，或者告诉你们觉醒之路上会发生什么状况，可能产生的危险。头脑或许会抓住其中的某个说法，说，"哦，如果我要觉醒的话，生活会变得非常困难。我得经历一些困难的时刻。"不一定是这样。你必须愿意做的事情是，遇见你自己、面对自己的疑惑。但是我们当中有多少人愿意进入不确定中、进入未知中、进入无法控制的情景中？

或许比你们想的要多。多年来，我遇到越来越多的人，他们愿意踏上这趟旅程，通往我们事实上一直都在、本来就在的地方。

踏上这趟旅程并不是为了成为什么，而是化解我们所不是的那个人，从蒙蔽状态中觉醒过来。终极而言，这是一件颇具讽刺意味的事情。我们最终抵达的不是别的地方，而是我们一直都在的地方，只不过我们开始用完全不同的眼光来看待我们一直都在的地方。我们认识到，每个人都在寻找的天堂，其实就是我们一直都在的地方。

光是在嘴上说万事万物已经是天堂了、每个人都已经觉醒了、每个人都已经是灵性了，是另一回事。这是真的，但正如一位很有智慧的禅师很久以前说过的那样，"如果你不知道的话，它对你又有什么用呢？"

再一次地强调，你需要某种程度的诚实。从本质上而言，万事万物已经完美无缺了，已经是圆满的灵性了。我们已经是我们能够成为的最完美的自己了。但问题是——我们知道这个事实吗；我们已经觉悟到这个事实了吗；如果我们还没有觉悟到，那么到底是什么让我们看不到这个事实；如果我们已经觉悟到了，我们有没有把它活出来；它有没有变成我们生活中的现实；它有没有在我们的生活中发挥作用？

因此，最重要的一个步骤就是和你的生活达成一致，这样你就不会再以任何方式逃避自己了。奇妙的是，当我们不再逃避自己时，就会发现我们身上蕴藏着巨大的能量，蕴藏着巨大的获得清晰的心灵与智慧的潜能，我们于此才开始看到我们需要看到的一切。

如果我们愿意的话，就会看到生活时时刻刻都在唤醒我们。如果我们没有与生活和谐相处，如果我们抗拒生活，那么它就会是一个艰难的过程，正如我自己的生活所证实的那样。

第八章　觉醒在能量层面上的表现

当我们处在高度觉察的状态中时，身心的各种障碍（内在的堤坝）就被打开了。而当它们打开时，身心就会释放出巨大的能量。

觉醒会让一个人产生许多不同的转变。没错，觉醒就是从人格身份中醒过来，但它同时也会对这个人本身产生深刻的影响，使他在许多层面上发生转变。为了让你们具体了解我所探讨的内容，我一直在讲述我的个人经历——我在25岁那一年的觉醒经验以及后来的一些挣扎。我想接着往下讲。

大约在32岁那一年，在完全意想不到的情况下，我经历了另一次深刻的觉醒。从本质上而言，它与我在25岁时经历的那次觉醒并没有什么不同，但是要清晰很多。我想比较准确的说法是，我在25岁时经历的那次觉醒有点模糊。它就像是一个人在雾天里来到阳光底下。尽管我的视野发生了彻底的转变，但还没有完全清晰。

发生在32岁那年的觉醒则异常清晰。它是一个不可撤回、不可逆转的事件，一个不可逆转的洞见。我看到我既是万事万物又什么都不是，同时又超越万事万物和什么都不是，这与我在25岁时看到的真相没有本质上的不同。我看到我的本质是难以言表的。那种感觉就像是我在一直不断地穿越、穿越、穿越——一直抵达存在的根本。

现在我并不想详细谈论那次觉醒经验。我唯一要说的是，从此以后，我再也没有忘记过我觉悟到的真相，意识的光圈再也没有关上过。与此同时，在我身体层面上也出现了一些特殊的现象，这是我现在想要探讨的。这些身体或能量现象往往是觉醒经验的一部分。有些人在觉醒之前就会经历我将要在这里探讨的一些现象，而其他人则是在觉醒之后才经历到它们。因此，无论一个人有没有觉醒，我将要谈论的内容都是普遍适用的。

当我们已经认识到存在的真实本性时——当存在本身已经觉醒到自己时,这种觉悟几乎总是会带来能量层面的转变。能量层面的转变是指我们身心系统的运作方式会发生深层的调整。在心智层面上,头脑会重新布线;在情绪层面上,我们感受和觉知的方式会重新布线。我们身体的整个能量系统(无论是物质层面还是精神层面)的流动与运作方式也会发生深刻的改变。

深度觉悟所带来的最常见的一个能量转变现象是,大量的能量涌入我们的身心系统。并不是我们的身心系统正在从外界获得能量注入,相反,当我们处在高度觉察的状态中时,身心的各种障碍(内在的堤坝)就被打开了。而当它们打开时,身心就会释放出巨大的能量。事实上,每当自我结构瓦解时,身心就会释放出全新的能量。

从许多方面来说,我们只有在事后才明白梦境状态本身消耗了巨大的能量。只有在梦境状态瓦解之后,我们才看到,维持我们大多数人朝夕相处、习以为常的分裂感知需要消耗多大的能量。当我们处在梦境状态中时,根本意识不到自己在分裂之梦上耗费了多少能量。你或许会有某些痛苦绝望的时刻,在这些时刻中,你能感觉到分裂感知是如何耗尽你的能量的。但是只有当意识自发地脱离了梦境状态时,身心才会释放出巨大的能量,这主要是因为诸多内在的障碍不复存在了。

我并不想让你觉得你将会以某种特定的方式以及特定的强度体验到这股能量。在有些人身上,这种能量运动会非常明显,而其他人身上,它则非常隐蔽,就像是雷达荧屏上的一个小光点。

当这股能量开始在我们的身心中复苏时,最常见的一个现象是失眠——我们的身心系统往往还无法适应从我们身上流过的巨大能量。在觉醒之后的一段时间里,你很可能会发现你的身体系统开始"加速运转"。我们的内在机制——头脑、身体以及灵体——需要一段时间才能适应我们正在经验的全新的能量水平。这个调整过程很少是在一夜之间完成的。

觉醒之后,大多数人发现他们的身心系统正在加速运转、加班加点,以整合和适应伴随着梦境状态的瓦解而涌入身心中的全新的能量。人们常常会来见我,说,"阿迪亚,我整整六个月都没睡过好觉了,"或者"在过去的三年里,我每天晚上的睡眠时间都没超过三四个小时。"

这不一定意味着你出了什么问题。头脑总是喜欢评论正在发生的状况,告诉自己,"我睡眠不够,我无法应付这种状况,一定出现什么严重的问题了。"但是从另一个观点来看,一切都没有问题。身体的整个能量系统正在重新整合,它正在进入一种不同的和谐状态中。这个过程或许要花上一点时间。

在这个粗糙的、身体的能量层面上,我曾见过人们除了失眠之外,还会经验到其他各式各样的状况。有时候人们会经验到心悸。其他人则会经验到身体的不自觉运动,也就是身体的某些区域会不自觉地释放能量——腿会突然抽动,或者手臂会毫无预兆地举起来。整个身心系统正在被一股头脑无法理解的力量所推动。

除了身体层面之外,能量转变的现象也往往会发生在更精微的层面上——头脑的层面上。在我32岁时第二次觉醒之后的好几年里，我感觉自己的头脑就像是一台旧式的电话交换机，操作人员不得不把电话接头从一个插孔上拔下来，再连到另一个插孔上。我感觉自己头脑里的线路正在被拆除，然后又用不同的方式重新布置。

我不能说我知道自己身上正在发生什么状况，或者对它有任何了解，我只是感觉自己的头脑正在被重新布线。我能感觉到我的头脑以及头脑的运作方式正在发生深刻的结构性转变。这个能量转变的过程持续了整整两年，几乎就像有某个东西或某个人藏在我的大脑细胞里，并改变了它们的方向与结构。

几年以后，我注意到我的头脑变得更加清晰和单纯。我的头脑变成了一个更精微、更强大的工具，我能够非常精确地运用它，就像激光一样。在这个转变发生之前，我不会说我的头脑在这个水平上运作，因此是某种转变使我获得了全新的清晰与专注的感觉。

我的头脑也安静了许多。我曾练习过多年的静坐，努力让自己的头脑静下来，但是现在的安静跟以前完全不同。我并没有努力让它静下来。当头脑的结构被重新调整之后，它变得更加安静了。现在，出现在我头脑中更多的是"有用的想法"——也就是那些真正需要思考的事情。

我们人类大概只有10%的时间用在思考那些我们真正需要思考的事情上。而在其余90%的时间里，我们只是陷在想象、白日梦以及各种各样虚无缥缈的内在故事与戏剧中。觉醒之后，我注意到我头脑中属于前者的想法越来越多，而我一直以来告诉自己的各种幻想与故事则变得越来越少。

这种头脑的转变是在一段时间之内逐渐发生的，因为这是一个实实在在的转变过程。当我们的意识不再沉溺在头脑中时，头脑就会变得放松、柔弱、敞开。这种转变甚至可能会对一个人的记忆造成严重的破坏。我有许多学生都出现过记忆方面的问题，有些人甚至被检查出患有老年痴呆症。他们事实上没有任何问题，只是他们的头脑在经历一个转变过程。

这个过程是正常的。为了与你所看到的真理协调一致，头脑的结构需要重新进行调整。我听过《当下的力量》的作者埃克哈特·托利的一段录音，他说在觉醒之后的整整两年里，他一直无法很好地使用自己的头脑。他在那段时间里所做的工作恰好要求他使用头脑，因此对他来说是那一个很大的挑战。

最终，如果我们认识到这是一个自然的过程，我们无需干预或改善这种头脑层面的重新整合，就能放松下来。最重要的是要放松自己，让这个重新整合的过程自然发生。它所产生的副作用很可能非常令人困惑，但是如果你不相信你头脑中的想法的话，一切事实上没有任何问题。只是头脑在那里告诉你正在发生的状况是困难的，或者你无法应付它。

很多时候当人们告诉我他们已经有六个月没有睡好过觉了，而我能看得出来他们对此很焦虑，我会问他们，"你真的需要更多的睡眠吗？你真的知道你需要睡更长的时间吗？还是你整个晚上都坐在床上，不断告诉自己第二天你会有多累？"当我们放下"我应该得到更多的睡眠"这个想法时，当我们认识到它只是一个想法时，就会发生奇妙的事情。当我们放下头脑对正在发生的状况的判断时，你的身心系统就会进入更深的放松状态。这种放松状态本身有助于身体的转变更快地发生。

这种能量转变不仅发生在我们的思考方式上，也发生在我们的感受方式上，也就是我们的感官如何与我们周围的世界接触。觉醒之后，人们往往会发现他们的感官变得异常敏锐。比如，我们经常会注意到自己的视野变宽了。我们或许开始感觉到以前感觉不到的事物。我们或许能够感觉到别人正在感受的情绪，或者我们发现自己对环境与其他人的能量场变得敏感了。我们或许第一次开始感觉到动物、树木、植物、房子或某个房间的能量场。

当这种能量开启时，我们的整个存在都在敞开。有时候，这种状况会让人觉得很不舒服。有些人跑来跟我说，"我能感受到每个人正在感受的一切。我能感受到每个人心里正在发生的一切。"这听起来或许很神秘、很不错，但是请想一想这个事实：大多数人的心里都充满了冲突。谁想四处走动着去感受每个人的冲突能量？从这个意义上来说，这种高度的敏感会给一些人带来困扰。

再一次地，造成"我有问题"这种感觉的通常是一些无意识的想法。我们需要清楚地认识到，我们每个人都有自己的责任，你不需要去感受别人的所有感受。别人的感受是别人自己的事。你或许能接触到它，但是这并不意味着你应该去体验它。有时候一个人可能会下意识地迷恋自己的移情能力，这种心态本身就会造成问题。你内在有一部分或许会发现感受别人心里正在发生的一切是一件令人不快的事情，但是另一部分或许又喜欢这种感觉。这就像是偷听别人的能量状态。如果我们下意识地觉得这是一件令人愉快的事情，那么它就会越来越频

第八章　觉醒在能量层面上的表现

繁地发生。相反，如果我们对它不那么感兴趣——我们既不推开它，但也不刻意追求它，那么我们就会把注意力放在该放的地方。有时候，感受别人的感受是恰当的，尤其是当你正在跟他们交流或处在一段关系中时，它能帮助你在动态层面上理解他们。但是你开始认识到，当你跟他们没什么关系时，并没有必要四处去感受别人的感受。你认识到，他们的事情是他们的事，不是你的。

这么说并不意味着冷漠无情。这是一种让我们自己适应新发现的心灵敏感度的方法，这样我们就不会过度介入到别人的事情中去。另外我们需要知道的一点是，有些人会在根本没有觉醒的情况下就经验到这类移情能力，而其他人早在觉醒之前就有这类经验。这类经验并不是觉醒的标志，但它们是很常见的副产品。

最重要的事情是，我们需要看破任何源自于这种特殊经验的自我感，看破任何试图从某个经验中获得乐趣或力量的自我感。一个已经觉醒的人会发展出许多能力。一个已经觉醒的人或许会获得治愈他人的能力。别人只要待在那个人旁边，就会获得治愈。当然，治愈能力是一份美妙的礼物。但是如果自我结构围绕着治愈者这一身份重新构建自己的话，这本身就会产生困难。

由于这些原因，我们不应该迷恋这种全新的能量水平。如果我们真的迷恋觉醒所来的种种能力的话——这些能力有时候又被称为神通，它们就会变成另一个灵性陷阱。

实际上，如果你身上真的出现这些能力的话，它们正是觉醒带给你的礼物。它们不是用来让我们抓取以及围绕它们重新构建我们的自我感的。事实上，许多灵修的传统内容警告学生们不要紧抓着这些能力不放，不要试图以任何方式提升它们。尽管自古以来就有许多故事告诫我们这一点，但这并不意味着我们应该逃避觉醒所带来的这些特殊礼物。正确的观念是，只是让它们成为本来的样子，把它们视为觉醒过程的自然组成部分。

觉察、允许、敞开、放松

如果你觉得不堪重负的话，可以采用一些特定的方法来稳定这股能量。在我身上，这个能量整合的过程持续了四五年之久，才最终平息下来。我很幸运，因为那时候我的妻子穆克蒂是一位针灸师，她能用针灸的方法让我身上的能量稳定下来。我经常向人们建议，如果他们身心系统中的能量流动过于猛烈的话，有时候像针灸或针压这样简单的方法能够帮助他们把能量稳定下来。有时候，赤脚在地上走路也有助于稳定流经你身心系统的能量。

需要澄清的一点是，我并不建议你试图去控制这股能量。我曾见过许多人正是在这一点上遇到了麻烦。如果你想要做任何事情来推动这个转变过程，那么请确保你只是在让这股能量稳定下来。

有时候当这股高强度的能量四处流动时，会碰上我们身体系统里的各种阻塞。这些阻塞或许会表现为身体中各种形式的压迫感。有时候人们会感觉到心脏或肠道的紧缩，或者有时候他们会体验到头顶或眉骨处有一种压迫感。如果发生这种情况，重要的是只要觉察它正在发生，并保持放松的心态。你不需要努力去消除能量流动的障碍。只要假以时日，这些阻塞会自动打开的。

如果你想要专门处理这些阻塞的话，我建议你安静地坐下来，把注意力放在它们上面。只需要把注意力放在那里，去感受阻塞，看它想要告诉你什么讯息。不要试图引导它或推动它，而只要保持开放的心态，聆听它想要告诉你的讯息。

实际上，最有帮助的事情是，不要让思维过程介入正在发生的状况。当你经验到觉醒时，将会发生许多出乎你意料的事情。这些事情或许并不符合你一直以来所熟知的经验。你只需要知道身体、头脑以及感官层面上的这些活动与转变，是觉醒过程中自然和正常的组成部分就可以了。

明白能量开启在很大程度上是灵性演变的自然组成部分，是很有用的一件事情。两者几乎总是相伴相生。正如我前面说过的那样，有些人会很明显、很深入地经验这些能量演变，甚至在一段时间里面会很恐慌。其他人则会发现它们是如此温和，以至于几乎觉察不到。我在这里说的只是一个大概的情况。如果你理解这个过程，事情的进展就会顺利许多，那主要是因为你不再担心这些现象了。

第九章　当觉醒穿透头脑、心脏与腹部时

只有在我们彻底释放之后，真相的光明才能毫无扭曲地透射出来。

25岁那一年，在获得我前面描述过的最初的觉醒经验之后，我本来可以认为，"哦，这便是觉醒，这便是觉醒的全部了。我已经见过实相的绝对本性了。"我本来可以忙着向世界宣扬我发现的真理，但幸运的是，我内在有一个小小的声音对我说，"这并不是真正的觉醒，这并不是觉醒的全部，你得继续前进。"

从某种意义上来说，这个小小的声音就像是我的救世主。因为，在灵性之旅中的那个特定阶段，一个人极有可能想要抓住他所看到的真理，占有它、拥有它，然后忙着用他觉悟到的真相打造一个全新的"开悟的自我"、一个"开悟的我"。

我很幸运有这个内在的声音提醒我。有时候，告诉我们要继续前进的声音来自于外界——来自于周围环境，来自于生活本身。无论是哪种情况，非常重要的一点是，不要拥有或占有最初的觉醒——不要认为自己的灵性旅程已经大功告成了。尽管你或许会觉得灵性旅程已经结束了，但是你应该知道结束的是旧的旅程、通往那个最初洞见的旅程、那个你对自己是谁一无所知的旅程。现在，一个崭新的旅程开始了，也就是那个能在每一个存在层面上表达空性的旅程。这个旅程或许要好几年才能完成。

什么叫处在空性状态中？

在这些教导中，我已经探讨过空性状态，并把觉醒等同于处在空性状态中。但是我想要确保没有人误会空性状态的意思。空性状态是觉醒所带来的结果，它是我们在觉悟到自己的真实自性之后的一种自然表达。正如我已经说过的那样，空性状态与变得完美或圣洁没有任何关系。另外，我们无法确保你在觉醒之后的任何时候都不会再经验到分裂状态，我们无法确保分裂状态再也不会发生了。事实上，要获得自由与觉醒，就得放下对这些事情的担忧、放下对自己的觉醒程度的担忧。

有一首伟大的禅诗在结尾处这样描述觉醒的状态："不再对不完美感到焦虑。"因此，空性状态并不意味着变得完美。空性状态不一定符合我们心目中对神圣或完美的想象。如果有人审视我的生活，我相信他们一定会找到许多理由这样说，"哦，那并不符合我心目中开悟者的形象。那并不符合我心目中活在空性状态中的人的形象。"我相信我的生活或许并不符合许多人心目中所认为的开悟者应该是什么样子的理想标准。因为事实上，我比大多数人所想象的要平凡得多。对我来说，觉醒的一部分便是融入平凡中，融入无忧无虑中。

不管有人在看了我的生活或其他任何人的生活之后会说什么，空性状态不是头脑所能理解的东西，除非它开始在你心中觉醒。我只能鼓励你不要相信你心中可能浮现的关于神圣或完美的任何意象，因为这些意象只会造成阻碍。空性状态是我们每个人必须亲自发现的东西。用超越爱恨、超越善恶、超越对错的眼光来看待万事万物，是一种什么样的状态？你必须在自己的经验中去发现这些事情。评估其他人对空性状态的体验是没有用的。唯一重要的事情是你了解自己所在的层面。在任何一个时刻，你是从分裂状态出发体验和行动，还是从空性状态出发体验和行动？现在的你是在哪一个状态？

正如我已经提到的那样，根据人们所受的制约，觉醒对每个人所造成的影响各不相同。在指导学生们的过程中，我发现有一个模型非常有用，也就是从我们存在的三个不同层面来考虑觉醒对我们造成的影响：心智层面（头脑的层面），情绪层面（心脏的层面），以及存在层面（腹部的层面）。当觉醒穿透我们的整个存在时，我们能够在每一个层面上经验到不同程度的空性状态。请记住，这三个层面只是象征性的，它们只是帮助我们理解人们所经验到的状态的一个工具。只要我们不过于死板地套用这个概念模型，它就可以很有用。

在真正觉醒的那一刻，灵性同时在所有的存在层面上获得了彻底的解脱。突然间，我们觉醒到一个全新的视角、一种全新的感知方式，它与我们以前所熟知的任何事情截然不同。觉醒之后，我们所有的存在层面或许会同等稳定于那个全然而彻底的视角中，也或许不会。通常情况下，它就像是一条蹦极绳索，先是伸展到极点，然后再根据每个人特定的业报倾向，收缩回来。它再也不会完全回到觉醒之前的那个起点，但会在某种程度上有所收缩。这种现象会以不同的方式发生在我们的整个存在中，而且没有特定的规则。

头脑层面的觉醒

让我们首先来看一看在一个人有了觉醒经验之后，头脑层面会发生什么。在头脑层面体验到空性状态是什么意思？我们全都知道头脑层面的分裂状态是什么样的感觉：一个想法与另一个想法相冲突，一部分头脑说，"我应该做这件事，"

另一部分头脑则说,"我不应该做这件事。"陷在分裂状态中,就是陷在自我冲突的头脑中。

我们大多数人的头脑都陷在极大的冲突中。我们的思考模式在好坏、对错、圣凡、有价值与无价值,甚至开悟与未开悟之间来回摆动。这些二元性的思维导致了头脑层面的分裂状态。

当我们觉醒时,当那个觉醒经验穿透我们的头脑,在头脑层面上被揭示出来时,我们首先看到的是,终极来说,思维结构中没有任何东西是真实的。现在,请不要误会我的意思——我并不是说头脑没有任何价值,或它是坏的。头脑(它本身只是思维)是一个工具,与其他所有工具一样。它只是一个工具,就像锤子、锯子或电脑一样是一个工具。

但是在大多数人的意识状态中,很容易错误地把头脑当成某个它不是的东西。通常,人们并不是把头脑视为一个工具,相反,视它为自我感的来源。大多数人一刻不停地问自己的头脑,"我是谁?""生命是什么?""什么是真的?"他们指望自己的头脑会告诉自己什么应该、什么不应该。这太可笑了!你不会走进车库,问你的锤子你是谁,或你应该做什么、不应该做什么。如果你真的那么做,而你的锤子能够回话的话,它可能会说,"你在问我什么啊?我只是一个工具,你不应该问我这类问题。"

但是我们却在对头脑做同样的事情。我们忘记了头脑只是一个工具——一个非常强大和有用的工具。万事万物全都源自于头脑。你所开的每一辆车、你进入的每一座楼房、你进入的每一个购物中心——所有这一切全都源自于某个人头脑中的一个想法。那个人认为那个想法是有用和有必要的，然后采取行动把它变成现实。所以，头脑的确是非常强大和有用的。

但是在人类意识中，我们并没有只是把头脑视为一个工具。相反，所发生的情况是，头脑篡了实相的位。它已经成了它自己的实相，以至于我们人类试图在自己的思维过程中寻找自我感——我们是谁、我们的自我形象。

当觉醒的光明开始在头脑层面上穿透我们时，我们看到头脑本身不再具有内在的真实性。它是一个能够被实相使用的工具，但它本身不是实相。就它本身而言，一个想法只是一个想法。想法本身不具有真实性。你可以想一杯水，但是如果你口渴的话，你不能喝想法。你可以一直想着一杯水，直到渴死为止，但是真正拿起一个实实在在的杯子喝水，则是一个完全不同的体验。你可以拿起杯子喝水，却根本没有想到杯子或水。所以，想法本身是空的，它没有真实性。想法至多只是一种象征。它或许可以指向一个事实或物体，但是许多想法甚至连这都不是。人类意识中的许多想法只是关于其他想法的想法——对思考的思考。冥想者在那里安坐，而一个想法会说，"我不应该想事情。"但是当然，这个想法本身就是"想事情"。一个人很容易陷入各式各样思考的死循环中。

随着头脑层面的觉醒，我们开始从超越头脑的角度来看待事情。我们认识到，头脑本身没有真实性，这是一个非常深刻的觉悟。光是在嘴上说头脑没有真实性，是一件很容易的事情。对有些人来说，它甚至很容易理解。但是，真正看到头脑没有真实性，则是一件极其激进的事情。看到我们的整个自我感以及整个世界都是头脑所营造出来的，是一件激进的事情。当我们看到思维结构不具有内在的真实性时，我们开始看到我们通过头脑感知的世界，不可能具有任何真实性。这是一个颠覆性的观念，即我们心目中的自我没有任何真实性。

头脑层面的觉醒意味着你的整个世界的毁灭。这是我们从来都没有预料到的事情。我们的整个世界观都被摧毁了——我们所有的制约、我们所有的信念结构、所有人类的信念结构，从此刻直到不可追忆的过去。所有这些因素形成了这个特定的世界、这个人类所达成的共识、这个对万事万物的看法，包括"我是一个人"或者"存在着一个真实客观的世界"或者"世界应该是某个样子。"头脑层面的觉醒意味着彻底毁灭所有这一切，因此意味着彻底毁灭我们的整个世界。

当我们在头脑层面觉醒时，我们开始想，"天哪，我对世界的看法纯属虚构，完全是梦幻泡影，没有任何真实性。我对自己的看法也纯属虚构。"无论你把自己视为开悟还是未开悟、好人还是坏人、有价值还是没有价值，都没有区别。头脑层面的空性状态意味着彻底清除所有这些自我结构。我几乎不可能说清楚这种头脑层面的世界的毁灭是多么彻底。它意味着看到根本没有真实的想法这回事，意味着在最深的层面上明白这一点，意味着看到我们营造的所有模型，甚至包括灵性模型、灵性教导，全是梦幻泡影。

佛陀本人说过，所有的法都是空的，法便是教导，法便是他宣讲的真理。他传授的其中一条真理是，所有这些法、所有这些他刚刚跟弟子们说过的真理，全都是空的。你的真相甚至远远超越人类有史以来所说、所写或所读的最伟大的法、最伟大的经典、最伟大的观念。

第九章　当觉醒穿透头脑、心脏与腹部时

在我们的心中，这类似于一种毁灭的过程。我经常告诉人们不要误会——开悟是一个破坏性的过程。它与变得更好、变得更快乐或更不快乐，没有任何关系。开悟是幻象的崩溃，是看穿伪装的假象，能彻底摧毁我们曾经信以为真的一切——从我们自己一直到整个世界。

在这个过程中，我们发现就连人类历史上最了不起的头脑所作出的最伟大的发明，也不过是孩童的幼稚梦想。我们开始看到所有伟大的哲学、所有伟大的哲学家，都是梦境的一部分。头脑层面的觉醒就像是《绿野仙踪》里的多诺茜正在拉开舞台上的幕布。她本来以为自己会看到伟大的奥兹，但是当幕布被拉开时，她发现伟大的奥兹只是一个正在操纵杠杆的侏儒。看穿头脑的本性跟这个故事很像。它是一件很激进的事情。当我们看到宣称自己是真理的一切事物其实只是梦境状态的一部分并且维持着梦境状态时，往往会有一种始料不及的感觉。

根本没有开悟的想法这回事。看到这一点，对我们的身心系统是一个很大的冲击。事实上，我们大多数人想方设法不让自己看到这个真相。我们说我们想要真理，但是我们真的想吗？我们说我们想知道实相，但是当实相出现在我们面前时，它与我们想象中的样子完全不同。它不符合我们所熟知的一切，也不符合我们头脑中的意象。它完全超越了它们。它不仅超越了它们，事实上还摧毁了我们用旧有的方式看待世界的能力。它使我们的世界变成了一片废墟。

当一切尘埃落定时，留给我们的是空无一物。我们两手空空，没有任何东西可供抓取。正如耶稣所说，"狐狸有洞，飞鸟有窝，人类之子却没有枕头的地方。"没有任何概念、思维结构可供你歇息。

这便是彻底释放的意思。只有在我们彻底释放之后，真相的光明才能毫无扭曲地透射出来。但是这种头脑层面的彻底释放通常不会在一个人最初瞥见真理的那一刻发生。觉醒之后，我们的心理结构会在一段时间之内继续崩溃——也就是说，如果你允许它们崩溃的话，如果你看到头脑与世界的崩溃正是存在的真相想要实现的结果的话。在停止看事物的虚假特性之前，我们无法看到事物的真实本性。

头脑层面的全然觉醒是一件非常深刻的事情。当我遇到那些曾有过真实的觉醒经验的人时，我经常发现，在某种程度上，他们的头脑已经把他们的觉悟占为己有，把它变成了另一个心理结构。当然，这会使觉悟从他们的指缝间溜走。我们迟早会发现，我们无法把真理变成固定不变的概念。当我们认识到这一点时，头脑就变成了一个工具，可以被用于其他目的，而不是制造思维。我们看到了一个全新的可能性：头脑、想法、甚至言语都能产生于一个完全不同的地方。思维能够从寂静中产生；言语能够从寂静中产生；交流能够从寂静——一个远远超越头脑的地方——中产生。然后头脑就被当成了一个工具，一个交流、指引、定位的工具。但是它本身永远都是透明的，它永远不再固着，也不再营造新的信念或思想体系。

心脏层面的觉醒

"心脏"这个词指的是我们的整个情绪系统，我们的整个情绪体。情绪层面的觉醒意味着我们不再从自己的情绪中获得自我感。无论是感觉良好、感觉糟糕、感觉健康、感觉生病、感觉清醒、还是感觉疲倦，我们不再通过自己的经验来寻找和获得自我感了。

通常，我们的自我感与我们的情绪紧密相连、不可分割。所以如果我们对自己说，"我感觉很愤怒，"或者"我很愤怒，"我们真正的意思是，这一刻我的自我感与愤怒的情绪融为一体了。当然，这种整合是一个幻觉，因为我们的真实自性无法被流过我们身体的情绪所界定。

情绪层面的觉醒意味着我们开始看到并且明白，情绪无法告诉我们自己是什么。它只是告诉我们自己在这一刻的感受。我们不需要逃避或否认自己的情绪，但是情绪无法界定我们。当我们不再用情绪层来界定自己时，我们的自我感就从情绪层面中解脱出来了，从各种相互冲突的情绪中解脱出来了。

对大多数人来说，不再用情绪来界定自己，是一种革命性的转变。但是当然，我们无法通过逃避自己的情绪来达到这种转变。我们的情绪与感受事实上是绝佳的指示器，指出我们的存在中还有哪些悬而未决的问题，还有哪些我们已经或尚未看透的东西。我们的身体是非常好的真理的测量仪。一旦我们陷入分裂的情绪，比如憎恨、嫉妒、贪婪、责怪、羞愧等，就知道我们正在从分裂状态出发看待事情。这些来自于分裂状态的情绪就像是一面面小红旗，提醒着我们，我们还没有看到事情的真实本性。

情绪的混乱告诉我们，我们有一个无意识的虚假信念。我们的头脑装了某样东西——或许它装了当前的某样东西，或许它装了过去的某样东西。我们所知道的是，它装了某样东西，以至于让我们陷入了混乱。

情绪体是进入我们需要了解的每一件事情的一种绝妙方法。它是进入任何幻觉、任何让我们产生分裂感的事情的切入点。如果我们的情绪不稳定，如果我们很容易失去情绪平衡，那么我们就需要开始好好审视一下自己的情绪生活了。我并不是指我们需要分析自己的情绪，或接受心理治疗——对有些人来说，这或许是必要和有益的，但是在这里，这并不是我所说的意思。我所说的是在一个更为根本的层面上处理我们的情绪体。我所说的是探询恐惧的本质、愤怒的本质。当我们感觉到情绪紧缩时，那个情绪紧缩的原因是什么？

我们大部分情绪，尤其是那些所谓的负面情绪，都可以被追溯至愤怒、恐惧与判断。一旦我们相信自己的想法，就会产生这三种情绪。我们的情绪生活与我们的理性生活事实上并不是分开的，它们是同一回事。我们的情绪生活揭示了我们无意识的理性生活。我们会对那些自己一无所知的想法产生情绪上的反应，通过这种方式，这些无意识的想法被揭示了出来。

人们常常会带着困扰他们的特定情绪来找我——或许是恐惧、愤怒、怨恨、嫉妒，或其他任何情绪。我告诉他们，如果他们想要释放它，就得找出那个情绪背后的世界观。如果那个情绪能说话的话，它会说什么；它包含哪些信念模式；它正在判断什么？

我真正在问的是，这个人是如何被拖入分裂的情绪状态中的？正如我已经说过的那样，任何时候，只要我们从分裂状态出发来看待事情，就必定会体验到负面情绪。我们的情绪生活是清晰而可靠的指示器，指出我们什么时候又从分裂状态出发看待事情了。每当我们进入分裂状态中时，就会感觉到某种程度的情绪冲突，而这也的确能够引起我们的注意。一旦我们感觉到情绪冲突，就应该问自己这个问题："我是怎样进入分裂状态的；此时此刻，是什么造成了这种分裂、孤立或防卫的感觉；我在相信什么；我做了哪些假设，这些假设被反映在身体上，显现为情绪？"

这样，情绪与想法就被联系起来了，它们是同一个东西的两种表现形式，它们无法被分开。通常，当人们带着负面情绪来找我时，我都会叫他们找出情绪或感受背后的想法。有时候人们会坚持说情绪背后没有想法。遇到这种情况时，我就建议他们与那个情绪同在，深入地冥想。如果那个情绪能说话的话，它会说什么？

我一次又一次地看到，一旦人们花一天、两天或一个星期的时间来处理某个困难的情绪，他们最终会经验到一种恍然大悟的感觉。他们对我说，"阿迪亚，本来我确实相信我的情绪中不包含任何想法。我以为它只是单纯的恐惧、愤怒或怨恨。但事实上，当我真正深入情绪、真正静下来时，突然间我开始听到情绪背后的故事。我能够听到正在制造情绪的种种想法。"

一旦人们能够找出正在制造情绪的种种想法，就能开始探询那个想法到底是什么，它是不是真的。当然，任何一个导致分裂的想法都不是真实的。

这一点非常令人震惊。我们所有人全都在这样一个世界中长大：在这个世界中，我们认为某些负面情绪是理所当然的。受害者的感觉就是一个很好的例子。我们说，"某件事情发生在我身上，某某人对我做了什么，因此我是一个受害者。"我们可以根据我们有充分的理由成为受害者这个信念，建立一整套理性与情绪生活。但是当我们审视这一点时，我们看到这只是一个让我们陷入分裂状态的伎俩。实相从来不会用受害者的视角来看待事情，它总是在用一个完全不同的视角来看待事情。我们或许会想，"某某人不应该对我说那样的话，"但事实是他们说了。一旦头脑说某件事情不应该发生，我们就会经验到内在的分裂。它是即刻的。我们为什么会经验到分裂？因为我们在与事实争辩。

这一点是确定无疑的：如果我们因为任何理由而与事实争辩，就会陷入分裂状态中——这便是事情的运作法则。事实只是事情本来的样子。一旦我们内在有任何部分在判断它、谴责它、说它不应该发生，我们就会感觉到分裂。

我们大多数人所接受的教导是，因为某些事情而陷入分裂状态是自然的。我们被教导，如果我们不因为某些事情、不因为我们自己的痛苦或别人的痛苦而进入分裂状态，就是在自欺欺人。这就好像如果我们在某些事情上不经历某种程度的分裂感，就不是一个富有同情心的人。

但是在进入更深层的觉悟之后，我们会碰到一个令人震惊的事实：我们认识到我们找不到与事实争辩的充分理由，因为我们永远都赢不了。与事实争辩是让自己痛苦的可靠方法，才是疗愈痛苦的完美处方。

更糟糕的是，我们发现，一旦自己与任何事情进行争辩，就会被它牢牢束缚住。无论事情发生在30年前还是昨天早上，如果我们与它争辩，就被它绊住了。我们一次又一次地重新体验同样的痛苦。与某件事情争辩无法帮助我们超越它，无法帮助我们处理它。事实上这么做只会囚禁我们，使我们被自己所争辩的任何事情牢牢束缚。

认识到我们与事实真相的诸多争辩没有一个具有真实性，是一件令人吃惊的事情。我们的争辩只是梦境状态的一部分。现在，光是在嘴上说它们是梦境状态的一部分或听别人这么说，是不够的。我们每个人都得亲自审视这一点，我们每个人都得审视自己的情绪生活，把任何能够使我们陷入分裂状态的事情带入意识层面。我们需要审视自己的情绪，看清它们的真实本性。我们需要质疑它们的真实性，静静地冥想它们，让更深的真相浮现出来。

正如我已经说过的那样，这不一定是一个分析性的过程。真正的探询是体验性的。我们并不是试图阻止某件事情发生，因为真正的探询除了真相本身之外，没有其他目标。它并不试图治愈我们，或帮助我们消除不愉快的情绪。探询不能只受避免痛苦的欲望所驱动。避免痛苦的冲动是可以理解的，但是真正的探询还必须具备另外一个因素，也就是那个要看清事实真相、看清我们如何让自己陷入冲突的欲望与愿心。

一旦我们认识到让自己陷入冲突的是你我本人——我们生活中没有任何人、没有任何境况能够做到这一点——就能看到我们的情绪生活是一个入口。它邀请我们更深入地审视自己，从觉醒的状态出发来审视自己——这个状态并不试图改变任何事情，而只是热爱事实真相。

人们很可能会错误地理解我所说的话，以为我的意思是所有的负面情绪都代表分裂状态，但这并不是我的本意。一个人可以很难过，却没有分裂感。一个人可以很悲伤，却没有分裂感。一个人可以感觉到某种程度的愤怒，却没有分裂感。在西方文化里，我们没有太多的背景可以帮助我们理解这个观念。然而在东方，我们却能看到无数愤怒的神像。比如，在藏传佛教与印度教的传统里，神的形象并不总是盘坐在莲花上安详地微笑。在这些传统以及世界上的其他传统里，灵性生活包括了广泛的人类情绪体验。因此我们不应该断言负面情绪（或者我们所谓的负面情绪）的存在就意味着一个人处在幻觉中。关键在于某个情绪是不是源自于分裂状态。如果是的话，这个情绪就建立在幻觉的基础上。如果经过认真的探询，你发现这个情绪并非源自于分裂状态，那么它就不是建立在幻觉的基础上。看清这一点之后，我们就能敞开自己，去体验各种各样的情绪。我们敞开自己，就会让自己变成了一个广阔的空间，任由情绪之风穿越我们的身心系统。因此，我所谈论的自由是指摆脱那些源自于分裂状态的情绪。

情绪是如何维持孤立的自我这个幻觉的？

如果我们深入地去看的话，就会看到恐惧是维持我们的情绪层面的自我感的关键。那么我们为什么如此恐惧？因为我们所持有的这个自我观念非常局限和孤立。我们把自己看成了一个能够被伤害、破坏或冒犯的人。

我们需要通过自己的探询看到，这个自我感、这个分裂感是一个幻觉。它不是真的。它只是一个我们告诉自己的小小谎言。它只是一个把我们置于恐惧中的小小结论——我是那个我想象中的人。因为我们想象中的那个人会想象它可能在任何一个时刻被人伤害。在那个虚幻的自我感眼中，生活中充满了危险。有人走上前来，对我们说了一句不友善的话，那个虚幻的自我感立刻就会陷入冲突与痛苦中。我们缺乏安全感，因为我们的自我感是这么容易受到伤害。

我们孤立的自我感同时源自于我们的想法与情绪。我们大部分的情绪源自于我们的想法。我们脖子以下的身体是一部复制我们头脑中的想法的机器。身体与头脑是连在一起的，它们是同一枚硬币的两面。我们感受自己的想法。当我们产生一个情绪时，我们真正体验的是一个想法。想法本身经常是无意识的。我们的身心以一种非常奇妙的方式连接在一起：我们的感受中心、我们的心脏中心把想法复制成情绪；它把抽象的概念转变成非常真实又栩栩如生的感受。

当我提到头脑层面与心脏层面时，听起来好像我在谈论两个不同的东西。事实上我在谈论同一个现象：身体与头脑，感受与情绪，正是同一枚硬币的两面。

当我们开始从头脑层面与情绪层面的种种固着与认同中觉醒过来时，我们看到没有人会受到伤害，也没有人或事物会受到生活的威胁。事实上，我们就是生活本身。当我们看到并且感觉到我们就是整个生活时，就不再害怕它了，我们不再害怕出生、生存和死亡。但是在我们看到这一点之前，我们会把生活看成一件令人害怕的事情，看成一个我们不得不跨越的障碍。

情绪层面的觉醒把我们从这些基于恐惧的固着中释放出来。当我们开始在这个层面上觉醒时，就能以一种更加深刻的方式感受世界，就能获得完全不同的能力。情绪体、整个心脏区域，具有高度的感受性。它是无形本体的感觉器官。无形本体通过它感觉自己、经验自己、了解自己。这与"我"这个概念通过情绪与感受感觉自己、发现自己完全不同。我们的觉醒程度越高，就越能体验到整个身心系统是绝对的一体自性的感觉工具。

可以说，我们从情绪体中觉醒过来的程度越高，情绪体本身的觉醒程度也就越高，最终它会变得开放起来。我们的情绪冲突越少，我们的情绪体就越开放。这是因为我们越认识到没有什么东西需要保护——认识到促使我们进入情绪保护状态的所有想法、观念与信念都是假的，我们就变得越开放。

在很大程度上，情绪层面的觉醒就像是灵性之心的开启。或许你曾经看到过一幅耶稣的画像，在这幅画里，耶稣用手扒开自己的胸膛，露出一颗非常美丽又光芒四射的心。这幅画是在描绘灵性之心的开启。一个觉醒的人在情绪上是高度敞开的——在情绪层面或理智层面上毫不设防。当我们在心脏层面上觉醒时，会出现的一个现象是，我们发现自己开始毫不设防。当我们不设防时，从我们心中自然流露出来的便是爱——无条件的爱。

实相的终极本性是一视同仁，没有分别心的，实相便是事情的本来样子。确定一颗觉醒之心的最可靠的征兆是，它一视同仁地爱事情的本来样子。这意味着它爱万事万物，因为它视万事万物为自己。这便是无条件的爱的起源。一旦这种无条件的爱在我们心中复苏，它便成了实相表达自己的方式。实相与自己相爱，是透过觉醒的心灵发生的。它不是一件个人性的事情。它是实相——一位一视同仁的爱人——与自己坠入爱河。它爱万事万物、每一个人。它甚至爱那些你在人格层面上根本不爱的人。当你开始认识到你爱上了那些你在人格层面上根本不爱的事物、事件与人时，是一种非常美妙的感觉。你认识到那些不认同并不重要。当真理觉醒时，它爱万事万物，它爱那些你的人格自我所喜欢的人，也爱那些你的人格自我所不喜欢的人。觉醒的心灵爱世界本来的样子，而不只是爱它能够成为的样子。我们在这个层面上的觉醒程度越高，就越能体验到无条件的爱，这是人类生命最深刻的召唤之一。

腹部层面的觉醒

第三类觉醒是腹部层面的觉醒，这个层面是与存在关系最为密切的自我感。在这部分自我中，存在着一种非常核心的抓取——一种根本层面上的抓取。这就像是你的腹部有一个握紧的拳头，它是我们最基本的自我感。它是那个抓取和紧缩的部位。所有其他的自我感都建立在这个抓取与紧缩的基础上。

当灵性或意识进入形体、进入形相界时，它最初的体验是震惊。突然之间从无限的潜能进入有限的形体中，对意识本身来说是一次令人震惊的经验。腹部的抓取便是这种紧缩与震惊在身体层面的表现。

为了理解我所描述的这个现象，请想象一下你出生时的那一刻。你脱离了一个彻底安全、温暖、滋润的环境，突然间来到了一个房间里。它比你出来的地方要冷很多，到处都是刺目的灯光和刺耳的声音。有人正在抓你、拉你。这是你与生活本身、与子宫外面的生活的第一次接触。如果你能想象这个情景，就很容易明白那个小婴儿的腹部是如何突然抽紧的了。出生是如此暴力、如此突然、如此出乎意料，以至于它在我们身上留下了这种抓取的习惯。

除了出生之际所产生的最初的震惊以外，我们还会在生活中遭遇许多事情，进一步强化腹部的抓取。无论是童年时期还是在接下来的成长过程中，我们大多数人全都经历过那些让我们惊惶失措的事情。这些经历都会强化腹部层面的抓取。

我们该怎样面对这种抓取，我们该怎样处理它呢？最终，我们得面对这种抓取背后的恐惧，因为这便是抓取的本质——一种恐惧反应。这就好像你的腹部里有一个拳头紧握着不放，它在那里大声叫嚷，"不，不，不，不，不！不要生命，不要死亡，不要存在，不要不存在！不，不，不！我要抓取！我要紧握！我绝不放手！"

有时候，就连走向觉醒本身也会产生恐惧。当人们越来越接近觉醒状态时，他们经常会经验到恐惧——因为觉醒就是突然释放腹部的这种抓取。我们无法保证抓取从此以后就再也不会出现了，它很可能会再次攫住我们。但是刚开始，觉醒便是释放这种抓取。当人们接近觉醒状态时，他们通常会感觉到自己腹部的抓取变得更紧了，好像他们就要被毁灭或杀死一样。这是一种源自于身心系统的非理性的恐惧。

当人们告诉我他们正在经验这种感觉时，我告诉他们的第一件事情是这很常见，几乎每个人都会在某个时候有这种经验。"这不是什么问题，"我说，"现在你只是觉察到了你以前或许未曾觉察的抓取罢了。"

这时候，一个常见的问题是，"我如何才能消除它？"这个问题是从自我意识的角度出发提出来的。自我意识总是想要消除不舒服的感觉。但是，无论你试图消除什么，却往往会事与愿违地维持它的生命。试图消除某个东西这一行为本身，恰恰会使这个东西继续存在。通过试图消除某个东西，你正在无意识地赋予它真实性。如果你试图消除它，就必定认为它是真实的，所以这个无意识地赋予真实性的行为，恰恰为你试图消除的这个东西增添了能量。这类紧握无法用技巧来处理。从某种意义上来说，意识到你什么都做不了，便是你能够拥有的最重要的觉悟。

问"我该怎么办？"等于是在暗地里说，"我怎样才能控制这个状况？"对付这种意志力的唯一办法是放下它。而一个人怎样才能放下自己的意志力呢？事情到了这里就变得非常微妙了，因为就连一个人想要放下意志力这一努力本身，也是一种出于意志力的行为。

或许每个人都曾经有过努力放下或臣服的经验，但是努力与臣服本身就是两个互不相容的概念。只要我们还在努力，就不存在放下这回事。

所以，我们将会到达一个阶段，在那里所有的技巧都不复存在，我们曾经学过的关于如何重新调整意识，使它变得更加清明的任何知识都将失去效用。我们的技巧毫无用处。在某个时刻，我们将不得不认识到，在放下存在层面的抓取这件事上,"我"什么都做不了,在臣服这件事上,"我"什么都做不了。然而,臣服与放下恰恰是我们需要做的事。

在这个时刻,最重要的是接受这个事实:"我"什么都做不了。彻底接受这个事实、让这一认识完全穿透自己,这本身就是终极的放下,它本身就意味着拳头的松开,意味着存在性的、最基本的自我感的敞开。

为了让这个过程发生,你必须看到你没办法做到这一点;你必须已经用遍了所有的方法;你必须到了山穷水尽的地步。只有那时,自发的臣服才能发生。作为人,我们唯一能做的事情是看到所有的抓取都是徒劳的,所有的抓取都是我们在暗地里抗拒自己的真实自性的一种表现形式。

当你放下腹部层面的抓取时,或许会觉得自己马上就要死了。但是你不会死,死去的是孤立的自我这个幻觉。不过你还是会觉得自己马上就要死了。只有当你愿意为真理而死时,那个抓取才会真正离你而去。

在继续探讨这一点之前,我想补充说明一下某些人身上可能存在的情况。有些人在生活中曾经历过非常艰难的时光,曾经历过创伤性的事件,这些事件很有可能会使这个根本的存在层面上的抓取变得更加根深蒂固。对这些人来说,当他们越来越接近更深的意识层次时,腹部层面的抓取或许会进一步强化。如果这是你的情况的话,非常重要的一点是不要采取任何强迫性的手段。你或许需要接受专业的帮助来处理觉醒过程中的这个方面,你或许需要找具体的方法来处理这种深层次的创伤,然后才能放下它。如果这是你的情况的话,我建议你找一个真正知道如何处理这类经验、知道如何以有效的方法来

第九章 当觉醒穿透头脑、心脏与腹部时

对付它们的人。你会知道这个人所提供的方法是有效的，因为它会开始起作用。这种根本层面的抓取会开始离你而去。

当然，在某种程度上，成长对我们所有人来说都是创伤性的。就算你有非常好的教养、世界上最可爱的父母和最舒适的环境，但是没有哪个人在成长过程中不曾经历过某种程度的创伤。从某种意义上来说，生活本身是创伤性的，尤其是对于孤立的自我感来说，它是创伤性的。对孤立的自我感来说，生活本身就是一种威胁，没有人能逃脱这一点。

腹部层面的觉醒要求我们面对和释放我们最深层的存在性恐惧。它也要求我们面对和释放我所称的个人意志，或者我们身上说"这是我想要的，我想要事情成为这个样子"的这部分自己。终极来说，个人意志是一个幻觉，这也正是当我们试图用它来控制和支配事情的结果时如此容易受挫的原因。但是不管它是不是幻觉，我们必须面对和处理它。需要最深刻的臣服、最深刻的奉献以及对真理本身的真诚追求，才能完成这项任务。

真正的觉醒、真正的开悟，是在彻底舍弃个人意志、彻底放下的情况下发生的。当然，这经常会让我们虚幻的自我感深感恐惧，我们的自我感只会把放下个人意志这件事理解成创伤性的。我们害怕放下个人意志会让自己暴露在危险之中。我们以为如果我们放下个人意志，就永远得不到我们想要的东西，世界就永远不会变成我们想要的样子，事情就永远不会以我们想要的方式发生。

我们最终看到的是，这些结论本身只是想法而已。事实上，根本没有个人意志这回事，但是在看到这一点之前，我们只能活在个人意志中。

正是在这里，我们开始遇上幻灭的智慧。当我们对某件事情感到幻灭时，就意味着我们已经走到了个人意志的尽头。只有当我们走到个人意志的尽头时，转变才会发生。

那些曾经染上过毒瘾或酒瘾并从中康复过来的人知道，康复过程中非常重要的一个要素是走到了个人意志的尽头。你认识到，你无法通过意志力戒除自己的瘾症。你的意志力并没有你所想象的那么强大，你无法凭自己的力量做到这一点。当一个瘾症患者"跌入人生的谷底"时，这句话真正的意思是他的个人意志崩溃了。而当我们的个人意志崩溃时，在我们的身心系统中就开始涌入一股完全不同的力量。它是灵性的力量，现在它终于能够在我们身上起作用了，因为我们不再紧抓着个人意志不放，也不再逃避它了。

在觉醒过程中，我们所有人最终都会遭遇我们个人意志的局限性。我们大多数人都会在不同的时候多次遭遇它，一次比一次深入，直到它被彻底根除。

丧失个人意志其实根本不算什么损失。它并不意味着我们从此以后凡事都要逆来顺受，不知道该做什么或如何做。事实恰好相反。通过放下个人意志这个幻觉，一种完全不同的意识状态就会在我们心中复苏了，我们会获得新生。这几乎就像我们在内心深处经历了一次复活。与灵性领域里的很多事情也是一样，这种复活很难用语言解释，但是大体而言，我们开始在整个生活本身的推动下前进。

道教传统对这种推动作了非常生动的描述，道教重点探讨道或真理如何透过我们表达自己。如果你仔细阅读道德经或其他道教经典的话,就会开始了解意志力是如何被流动感所取代的。

当你离开驾驶员的座位时,会发现生活它能够自动驾驶,而且发现事实上生活一直都在自动驾驶。当你离开驾驶员的座位时,生活能更轻松地自动驾驶——它能够以你从未想象过的方式自由流动。生活变得像魔术般神奇。"我"这个幻觉不再挡道了。生活开始自由流动,你不知道它会把你带往哪里。

当人们的个人意志逐渐消失时,他们往往会对我说,"我甚至不知道该如何作决定了。"这是因为他们已经越来越少地根据个人的观点来做事情了。他们有了一种全新的做事方式,而它的重点并不在于做这个决定还是那个决定、做正确的决定还是错误的决定。它更像是一种流动。你感觉事情正在朝哪个方向发展,感觉自己该做什么。就像河流在遇到岩石之后知道该往哪个方向流——左边还是右边。这是一种直觉性的,与生俱来的知道。

这种流动一直都在那里,等着我们去发现,但是我们大多数人全都陷在错综复杂的思维模式中,以至于感觉不到生活中存在着一种单纯自然的流动。但是在混乱的想法与情绪背后,在个人意志的抓取背后,确实存在着一种流动,存在着生活的单纯节奏。

我最喜欢的一个开悟的定义来自于一位名叫安东尼·德·梅洛的耶稣会牧师,他几年前已经去世了。曾经有人叫他定义他开悟的经验,他说,"开悟就是与不可避免的状况无条件合作。"我喜欢这个说法,因为根据这个定义,开悟不只是一种觉悟,更是一种行动。开悟就是我们内在的每一个层面都与生命之流本身、与不可避免的状况携手合作。

当我们的内心不那么冲突和分裂时,就能感受到什么是不可避免的状况——生活正在朝哪个方向发展。我们不再问,"这条路对吗?我怎样才能知道这条路是对还是错?"这类问题事实上只会扭曲我们的感知。在生活的表象之下,正上演着更精微的事情,也就是生命之流本身。

当我们放下个人意志——当我们开始处理腹部的恐惧感,愿意发自内心地对我们所害怕的任何事情说"是"时,我在这里所说的一切就全都会变成真真切切的体验。当我们对生活、对死亡、对自我的消亡简单而真诚地说"是"时,就再也不需要挣扎了。它变成了一种全新的生活方式。带领我们度过每一天生活的,是生命之流,而不是概念,不是观念,不是我们应该或不应该做什么。一段时间之后,我们发现生命之流总是令人惊奇的。它是一体自性的表达,它以富有疗愈性又充满慈爱的方式指导我们的存在,它以超乎我们想象的方式把各种因缘聚合在一起。

在我们的心中,这类似于一种毁灭的过程。我经常告诉人们不要误会——开悟是一个破坏性的过程。它与变得更好、变得更快乐或更不快乐,没有任何关系。开悟是幻象的崩溃,是看穿伪装的假象,能彻底摧毁我们曾经信以为真的一切——从我们自己一直到整个世界。

第十章　努力还是恩典？

你在灵性道路上迈出的每一步都是一次练习臣服的机会。

人们经常问我，觉醒的过程在多大程度上依靠恩典，又在多大程度上需要一定的有意识的勤奋或努力。

说实话，这类问题很难回答。在激进的非二元性的灵性流派中，许多人会说，觉醒完全取决于恩典，根本没有努力的余地。这些人会说，"彻底地、彻底地放手；彻底地把一切都交给恩典，因为根本不存在独立的作为者；只存在神的旨意，一切都与神的旨意密不可分，因此一切终究都靠恩典。"

当然还有其他的流派与法门，它们则更注重个人的努力。这些流派会说，你必须努力超越自己的幻觉；你必须作出巨大的努力；你必须接受大量的灵性训练；你必须愿意真正地审视和质疑自己的内心。

这两种观点往往彼此否定。说你必须付出许多努力的这类教导，通常没有多少自发性与流动的余地。说一切都是神的旨意的这类教导，也就是你什么都做不了，因此你最好只是放松自己，让一切自动发生，往往会固着在绝对的观点上，从而忽略更广大的视野。我很早以前就认识到一件事情，也就是：真理从来不在任何两极分化或二元性的说法中。当然，我对实相的终极本性的体验是不能用二元性的方式来表达或阐述的，它超越所有二元性的观点。

所以当人们问我他们是否需要付出努力，一切是否全靠恩典，或者是否需要他们操心时，我能提供的最有用的忠告是，到你自己的内心里去寻找答案。如果你真的对自己诚实，你的内心会知道你是否需要探索头脑、身体或腹部里的某个固着，你会知道自己什么时候需要训练自己或仔细审视某件事情。而如果你需要作出努力去审视它的话，那就去做吧。作出努力去审视它、质疑它、发现它。

再一次地，我们所有的固着全都源自于我们的想法。因此其中的一个切入点是，审视你相信什么，是哪个具体想法导致你看到分别或陷入分裂的情绪状态中。这便是觉醒过程中需要训练或努力的部分：质疑自己想法的愿心与勇气。有时候我们需要摆脱某种内在的惰性，挑战自己去清醒地审视某件事情。

我经常告诉我的学生们，你需要有勇气去质疑，而这需要真正的能量。深入地审视某件事情，需要足够的勇气。审视你潜在的模式——某个头脑、身体或情绪层面的固着背后所隐藏的信念结构——需要高度的专注。如果我们诚实地面对自己的话，就能凭直觉知道我们正在逃避什么。如果我们能够对自己诚实，就能开始在心里感觉到我们什么时候需要作出努力。

如果我们深入地聆听自己内在的心声，也会感觉到什么时候应该放手、什么时候应该让恩典做只有恩典才能做到的事情。我们会知道什么时候应该敞开自己、放下任何努力或挣扎，而这有可能包括放下探询或质疑。你会在某个时候知道你已经做了你需要做的一切，你已经实现了自己的目标，现在你需要放下虚幻的自我感，让某个更高的力量引领前程。

我无法明确地告诉你什么时候该努力、什么时候该放手——这完全取决于你自己的直觉，取决于你是否对自己诚实。有时候人们问我，他们是否需要静坐。"有些人说我不应该静坐，因为这只是更多的自我寻求，"他们说，"其他人则说我应该静坐，因为如果我不静坐的话，我或许永远都不会觉醒。你认为呢？"

对于这些人，我会说，"嗯，请你告诉我，你的内心有没有在召唤你去静坐？这不是应该或不应该的问题，甚至不是究竟是你的头脑还是你的自我在提问的问题，比这更深的是什么？这个问题底下隐藏着什么？你究竟知道什么？你究竟知道什么——你想不想知道？"

这才是重要的问题。

我认为作为老师，各种使命中的一个首要任务是，帮助学生们与他们自己直觉性的、自然的指引——"内在导师"建立连接。我很清楚许多人几乎感觉不到自己的内在导师。有些人的内心是如此冲突，以至于他们几乎不可能找到它。在这种情况下，他们或许需要一位外在的导师来给予他们指导，帮助他们看到他们需要去哪里、需要审视什么，从而找到这种内在的指引。

有太多的人放弃了自己的责任。有太多的灵修人士想要别人告诉自己该怎么做。他们想要老师对自己说，"做这个，或不要做那个。静坐这么久，或静坐那么久。"如果我们养成了这种习惯，就很可能一直待在灵性婴儿期里。到了某个时候，我们需要长大，我们需要在心中寻找自己的内在指引。有些事情大部分人都知道，但他们只是在抗拒这种知道而已。他们在内心深处知道他们生活中的某些事情行得通还是行不通，他们生活中的某些部分运转良好，其他部分则存在问题。但是作为人类，有时候我们不想知道那些麻烦的事情。所以我们假装自己不知道。

最重要的事情是要摆脱假装。每一件事情都会在恰当的时机与场合发生。有时候你需要付出努力，规范自己。有时候你则需要放手，认识到你无法凭自己的力量做到，一切都取决于恩典，努力、挣扎与奋斗起不了任何作用。

但是请明白一件事情：无论我们选择什么法门——是渐修法门还是顿悟法门，是奉献法门还是其他法门，我们的灵修生活以及所有灵性觉醒的轨道最终都指向臣服。最终，它便是灵性游戏的代名词。我们在灵性生活中所做的每一件事情，都在把我们带向自发的臣服状态——带向放手。无论我们修习什么法门，这都是最终的目标。一旦你知道了这一点，就会注意到你在灵性道路上迈出的每一步都是一次练习臣服的机会。你或许需要付出努力才能到达那里，你或许需要付出努力，最后才愿意放手、领受恩典。但是终极而言，灵性生活的全部要点可以归结为"放下孤立的自我"——我们认为世界是什么样子以及它应该是什么样子——这个幻觉。

我们需要愿意失去自己的世界。这种愿心便是臣服，这种愿心便是放下。我们每个人都得亲自发现放下到底是什么意思、我们需要放下什么。它是容易还是困难一点也不重要。实际上，放下本身才是唯一重要的事情。

我无法明确地告诉你什么时候该努力、什么时候该放手——这完全取决于你自己的直觉，取决于你是否对自己诚实。

第十一章 自然的存在状态

开悟只是一种自然的存在状态。

人们经常问我，觉醒会把我们带往哪里。这个旅程的终点在哪里？这个问题很难回答，因为我所说的任何事情都可能变成头脑中的另一个目标。当然，头脑中的目标会极大地妨碍我们获得全然的觉醒。然而，觉醒确实有一个轨迹，我们可以把觉醒的成熟产物称为开悟，但很难说开悟究竟是什么。事实上，开悟与觉醒并没有什么不同，它就是觉醒的成熟产物。这与我们从孩子变成成年人，再从成年人变成老人一样。觉醒的成熟经验与表达很难用语言描述，但在某种程度上，我们还是需要描述它。至少作为老师，我试图对它进行描述，我试图在描述它这件事上好好失败一番。

随着我们对存在、对不生不死、不经创造的自我本质的直接体验越来越深入，就会开始越来越多地进入真正的空性状态中。我说的空性状态的意思是，活在超越相对与绝对的层面上。从某种意义上来说，我们的体验甚至超越一体之境的知见。我们认识到，我们的核心与本质更像是一种纯潜能。我们认识到自己是纯潜能，在它成为任何东西之前——在它成为一，在它成为许多，在它成为这个或那个之前。

觉醒的成熟产物便是深刻地回归我们的本质，回归我们单纯的真实自性——它先于并超越存在与非存在。可以说，在那里一切都消失了，我们的头脑不再固着在任何层面的经验上。我们的头脑不再固着在任何特定的表达上。固着的习性被彻底释放了。

这种状态并不是什么神秘状态，也不是一种强烈或特殊的状态，它只是一种轻松自然的状态。在人类身上，它表现为一种深沉的轻松、深沉的自然和深沉的单纯。

在另一个层面上，它是一种确定无疑的感觉：无论你曾在这个旅程中经历了什么，现在你都有一种抵达终点的感觉。正如一位老禅师所说的那样，那就像是大功告成。一天的工作结束了，你回到了家里。在灵性生活的某个时刻，你会觉得自己自然而然地放下了所有的事情。这一点很难理解，直到有一天它真正开始发生在你身上，灵修本身才被放下了，自由才被放下了。我们需要摆脱对自由的需求，需要从开悟的需求中觉醒过来。

在某个时刻，这一切开始自然而然地发生。我们甚至会失去我所称的灵性世界，因为灵修这整个观念本身就是一种杜撰。在某一段时间里，它或许是一种必要的杜撰，但尽管如此，它实际上还是一种杜撰。到了某个时刻，所有的杜撰都会瓦解和消失。这并不是说它们没有任何用处。它只是意味着我们看到万事万物都是透明的。我们看到，就像佛陀所说的那样，万事万物都是无常的；万事万物都是短暂的；万事万物都是梦幻泡影。我们最终认识到，就连我们最了不起的觉悟、最非凡的"醍醐灌顶"的时刻，事实上都是不生不死的无限之境中的南柯一梦而已。这几乎像是我们认识到就连一个人自己的伟大觉醒，也只是另一个从未发生过的梦而已。尽管如此，我们还是能够感觉到辉煌灿烂的实相，感觉到遍存万有的辉煌灿烂的临在。

正如我已经说过的那样，这种单纯自然的状态很难用语言来描述。正如我已经提到过的那样，描述它会带来潜在的危险，因为这种描述很可能会变成另一个意象、另一个目标。但是这种完全自然的存在状态迟早都会来临。当它来临时，那

第十一章 自然的存在状态

种感觉就像是一个人已经"超越尘世"了。《心经》中这样说道:"揭谛揭谛,波罗揭谛,波罗僧揭谛,菩堤萨婆诃;"我们的觉醒会带领我们超越一切。它甚至会带领我们超越觉醒本身,更不用提那些形形色色的灵修法门或宗教了——在过去,它们或许曾有助于推动意识去超越它对形体的固着与认同。

我们或许会认为当意识已经进化到足以摆脱梦境状态的引力时,一个人就再也不会回到尘世中来了。你也很可能会想象这个人会逐渐消失在超然的雾气中。但这并不是最终结局。当我们彻底放手,完全把自己奉献给真理本身时,我们会发现我们所放下的那个东西——二元梦境、我们认为自己所是的那个人、我们认为真实不虚的生活——正在以一种全新的方式召唤我们。我们发现自己以一种简单、平常的方式再次回到生活中。我们必须先离开,然后才能重新回来。正如耶稣所说的那样,我们必须"在世间但不属于世间,"也就是说,我们要活在世间,但不被世界所束缚。我们愿意再度投生为人,但这一次是有意识且心甘情愿的投生。

一旦我们已经穿越了梦境世界,就能真正安居在形体中——我们自己身体的形体、生活本身的形体。意识再也不会回到认同中。觉醒的旅程不只是一个从梦中醒过来的旅程、一个摆脱自我的旅程、一个认识到我们以前所认为的生活只是一场幻梦的旅程。它也是一个回归的过程,一个从山顶下来再度回到地面的过程。如果我们一直待在觉醒的山顶上,待在超然的绝对之境里,在那里我们永远没有出生,永远不受沾染,永远不会死亡,我们的觉悟也尚不圆满。

令人奇怪的是,当我们重新回到这个世界上时,生活变得异常简单、平常。我们不再渴望拥有非凡的时刻或拥有超然的体验。早上坐在桌旁喝一杯茶，就已经完全足够了。在我们的经验中，喝茶这个动作就是终极实相的全然表达。杯子本身就是我们觉悟到的真理的全然表达。走在过道里，我们迈出的每一步都是至深觉悟的彻底表达。养家糊口，和孩子们相处，去上班，去度假——所有这一切都是那不可言说之境的真实表达。

从某种意义上来说，开悟就是融入平凡中，或者说是融入非凡的平凡中。我们开始认识到平凡就是非凡。这几乎就像揭开了一个隐藏许久的奥秘——我们一直都在应许之地上，一直都在天国里。就像佛陀所说的那样，从一开始，就只有涅槃之境。通过相信头脑中的意象，通过活在因为恐惧、犹豫和怀疑而变得紧缩的身心中，我们误认为自己在别的地方。我们没有认识到我们身处天国中；我们没有认识到我们身在应许之地上；我们没有认识到涅槃之境就在此时此地，就在我们当下所在的地方。

传统的头脑无法理解这类看法、这类知见。传统的头脑会说，"啊，你说的这一切听起来非常美好，但还是有人正在忍饥挨饿，孩子们依然没饭吃。世界上依然充斥着虐待、暴力、憎恨、无知与贪婪。"当然，所有这些事情确实存在，这一点不可否认。但与此同时，我们看到所有这些分裂知见都是正在做梦的人类头脑的产物。这并不意味着我们在忽视或逃避它们。事实刚好相反，我们看到的是生活中潜在的完美。正是从看到、经验到并知道生活中的潜在完美这个基础出发，我们才被一股完全不同的力量推着走。不再有任何东西拉扯着我们，也不再觉得自己需要成就什么。我们不再觉得自己需要被人了解、认可、承认、爱、恨、喜欢或不喜欢。这些只是做梦的头脑的意识状态。一旦我们调和了所有这些二元对立，我们的身心系统就会变得和谐统一，就会有别的力量在生活中推着我们走。它是非常简单的东西。推动我们的那股力量、那股能量，同时也是我们的存在、我们的真实自性。

这股能量是空性的。它永远都全然透明，它永远都在此时此地、此刻当下。你从来都不需要一个不同的、更好的时刻。当我们看清这一刻的真相时，我们就看到了某样非凡的东西。我们感觉到不需要把这一刻变成另外一个样子，因为它原本的样子就是非凡的。当我们看到这一点时，就已经治愈了自己内在虚幻的分裂，也已经开始治愈人类意识中虚幻的分裂了。

我们对人类最大的奉献是我们自己的觉醒，也就是摆脱大部分人所处的意识状态，发现我们存在的真相——这个真相也是众生的真相。当我们做到这一点时，我们作为一份礼物、作为新生的自己，会再度回到这个世界上。在某种意义上，我们重生了。

在基督教传统中，有一个基督易容的故事。那不只是一种觉悟，而是真正的脱胎换骨———次新生，它会对我们的生命产生不可思议的影响。有时候，由于试图于外在的层面上帮助他人，我们很可能会忘记我们能够提供的最大的帮助，其实是我们自己的觉醒。这并不意味着我们完全不做外在层面上的事情——伸出援手、给饥饿的人提供食物、照顾穷人与病人。这并不意味着这些事情不用做或没有用。但是最终，我们认识到我们最大的贡献就是治愈我们内在虚幻的分裂。这才是我们能够给予人类的终极礼物，也正是能够真正改变人类的东西。人类不会因为我们构想出一个不同的政府体制而改变，不会因为某件外在强加的事情而改变，不会因为崇高的理念或宏伟的社会体系而改变。真正的转变永远来自于内在，来自于心灵的觉醒。我们最终看到，外在的世界只是内在世界的表达，一切形相只是无形本体的表达。

如果作为一个文化、作为一个物种，我们继续活在分裂的意识状态中，那么不管我们在外面作出多少改变，还是会继续制造分裂。但是每一个进入自然、简单、空性的意识状态中的人，都在为众生作贡献——不需要费劲，不需要居功，甚至不需要知道。当你自己的意识变得和谐统一时，你就成了一体之境展现的一部分。你终于知道开悟非常美好、深刻，但同时也非常简单。

开悟只是一种自然的存在状态。我们已经被催眠，认为分裂、恐惧与冲突就是人类的自然状态。但是在某个时刻，当我们的觉知增强时，我们看到这种分裂状态是不自然的。正如我前面说过的那样，维持分裂的幻觉需要消耗巨大的能量，因为它不是我们的自然状态。这应该是一个很明显的事实，因为分裂的感觉并不自然。你或许会觉得它很普遍，或许会觉得它司空见惯，或许到处都能看到它，但是当你在自己心里感觉到同样的冲突时，就会认识到那种不自然的感觉。你会觉得分裂、冲突。

所以大部分人所处的意识状态都是不自然的，也是异常的。我们不需要去寻找异常意识状态，人类已经处在一种叫分裂的异常意识状态中了。分裂是终极的异常意识状态。

与常见的错误理解刚好相反，开悟与异常意识状态没有任何关系。它是在变成某样东西或发生任何改变之前原原本本的纯粹意识。

天国是自然的存在状态。涅槃不是一个我们可以紧抓着不放的目标，也不是某样我们试图获得或强加于自己身上的东西。只有觉悟到完全自然和自发的存在方式，我们才能发现涅槃之境。只有觉悟到我们在有意识地单纯存在之际的真实自性，我们才能体验到涅槃之境。

这是觉醒的承诺，它不只是献给一个人自己的个人承诺，也是献给意识本身，献给所有众生的承诺。它是空性之境的承诺，也是诞生自空性之境的世界的承诺。我们没有人知道如果所有的人全都进入空性的意识状态，世界将会变成什么样子。我们或许能够想象这样一个世界，但事实上，我们不得不承认那个世界是未知的。我们无法对那个世界形成任何意象。当它有一天真的变成现实时，我们才能发现那个世界是什么样子。但我们并不会把这种简单自然的觉醒状态，允许自己消失在绝对的单纯之境中的这一行为，看成什么大不了的事情，它只是非常自然。它并不比任何事情或任何人更好或更高。它只是自然的存在状态，属于每一个人，是每一个人的继承物。

第十二章　婚礼的故事

就算我想回去,想继续以过去的方式看待事情,我也做不到。

我想用一个故事来作为本书的结尾。在生命中，某些特定时刻似乎能够象征我们觉悟到的真理。而对我来说，就存在这样一个时刻——几乎就像是我的整个灵性旅程都被囊括在这个特定的经验中了。它发生在一场婚礼上。那是一场在体育馆里举行的盛大婚礼。结婚典礼已经结束了，每个人都开始坐下来用餐。我们一起吃饭、交谈，过得非常愉快。整个场面非常美好、温馨。

在我认识的人中间，我通常都是吃饭最快的那一个，所以跟以往一样，我很快就回到自助餐桌旁取第二份食物。我在自己的盘子里装了各式各样的美食，转过身去，望着坐满了人的体育馆。一直以来，我都发现婚礼是人类生活的绝妙缩影。我看到新娘与新郎，他们过得非常愉快。我看到孩子们在四处跑动、玩耍。我看到家长们在着急地试图控制自己的孩子。我看到老年人。我看到了整个人类状况的缩影。

那一刻，我突然觉得我再也不会用大多数人的眼光来看待生活了，好像在那一刻我觉得自己内在有某个东西正在彻底离开尘世。我已经不再用约定俗成的视角来看待事情了，那个阶段已经结束了。这一了悟伴随着一丝淡淡的乡愁而来。我心中有一部分这样想："尘世并不完全是痛苦的，尘世也并不完全是糟糕的。生活中还是有很多美好的时刻。现在我在这个婚礼上，所有这些善良的人们正在觥筹交错、相互交谈。"但是在那一刻我看到，我看待世界的方式已不再是大多数人看待世界的方式了。而且我知道我再也不会以那种方式看待世界了。无论过去曾经发生了什么，我再也不会回去了。

就算我想回去，想继续以过去的方式看待事情，我也做不到。我已经走过了一座桥,而就在我走过去之后,桥被烧毁了。那一刻,我心里涌上了一阵莫名的彷徨和乡愁,我闭上眼睛,让自己尽情体验这种情绪。当我再度睁开眼睛时,乡愁消失了。

突然间,我站在那里,手里捧着一盘食物,认识到就算我不再用我周围大多数人的眼光来看待事物了,一切仍然如是。这就是生活,它非常美好、非常美丽。我接下来唯一要做的事情便是回到尘世中。所以我手里捧着一盘食物,重新走进我刚才看到的场景中。我开始做每个人都在做的事情——我开始与这个人交谈,或与那个人交谈。在那一刻,我认识到离开尘世(在这种状态中,我们用分裂的眼光来看待事物)并同时"重返人类状态,重新进入喧哗与骚动中究竟是什么意思,它就意味着生活当下的样子已完完全全是至深实相的惊人展现了。"

从那一刻起,生活当下的样子就披上了一层神秘的、令人惊奇的色彩。就算有时候它很疯狂,就算有时候人们会对别人做出一些近乎疯狂的事情来,但你永远都能感觉到这就是你唯一能待的地方。只要我们愿意睁开眼睛认清它的真相,这里,以它原本的样子,就是应许之地。

在那一刻，我认识到离开尘世（在这种状态中，我们用分裂的眼光来看待事物）并同时"重返人类状态，重新进入喧哗与骚动中究竟是什么意思，它就意味着生活当下的样子已完完全全是至深实相的惊人展现了。"

第十三章　阿迪亚香提访谈

死亡本身就是生命。我们必须死去才能真正活着。

本书中包含的教导来自于2007年8月阿迪亚香提在加州圣·何塞市举行的长达三天的课程录音。在阿迪亚作完这一系列讲座之后，真音出版社的塔米·西蒙有机会对他进行了采访，问了跟这些教导有关的一些问题。以下便是他们的对话：

塔米：让我们继续回到你的比喻上来：觉醒就像是已经飞离地面的火箭。人们怎样才能知道自己的火箭已经真的起飞了呢？我能想象有些人对此很困惑。他们或许读了很多灵性觉醒方面的书籍，因此觉得自己已经觉醒了，但是事实上，他们很可能只是在地面上噼啪作响。我们如何确定自己已经起飞了？

阿迪亚：这是一个很难回答的问题。我只能用一种方式来回答，也就是重新阐述觉醒的本质。

觉醒的那一刻，非常像你夜里从梦中醒过来的那一刻。你感觉自己从一个世界中醒过来，进入了另一个世界，从一个环境中醒过来，进入了另一个完全不同的环境。从感觉上来说，这便是觉醒的感觉。你一度认为真实不虚的这整个孤立的自我，甚至你一度认为客观存在的世界，突然间不再像你曾经以为的那样真实了。

我并没有说它是一场梦或不是一场梦，我只是说它非常像一场梦。在觉醒的那一刻，你经验到生活就像是发生在你的存在本质里的一场梦——发生在浩瀚无垠的广袤空间里的一场梦。觉醒并不等于经验到无限的空间，或觉得意识扩展、喜乐或其他任何感觉。这些感觉或许是觉醒的副产品，但是它们并不是觉醒本身。觉醒与其副产品完全不同，它是一种视角的转变。我们过去认为真实不虚的一切，现在不再具有任何真实性。它更像是发生在无限的空性之境里的一场梦。真正真实的是无限的空性。同样的，当你在夜里做梦时，你的梦境不具有任何真实性，那时是你的头脑在那里做梦，而头脑才是真实的——相对而言。

塔米：当你描述你自己的人生故事时，你说存在的火箭是在一个特定的时间和日期起飞的——在你25岁那一年。你认为有没有可能有些人的火箭是在几年的时间内逐渐起飞的——它并不是在某个特定的时刻发生的，相反，它更像是一个人逐渐意识到自己的火箭已经进入太空了？

阿迪亚：我也见到过这种情况。我遇到过一些人，他们只是在事后回顾起来的时候，才发现觉醒已经发生了，就像觉醒是从他们身后悄然接近的一样。在这个转变过程中，并没有一些特殊、明显的时刻。那几乎就像他们悄悄溜出了梦境或溜进了外太空，然后在某个时候突然说出，"哦，那是什么时候发生的？"他们无法真正指出任何一个显著的时刻，但是他们在某个时候认识到真正的、彻底的转变已经发生了。所以它可以悄悄接近你，也确实有可能以这种方式发生。

塔米：让我们继续沿用这个比喻。能不能说火箭需要特定类型的燃料，如果需要的话，是哪种燃料？

阿迪亚：我很希望自己能够告诉你火箭的燃料是什么。我不知道有没有可能说出燃料是什么，因为它不只是局限于个人性的东西。觉醒并不只是发生在那些真正想要觉醒的人身上。觉醒并不只是发生在那些真诚地寻求觉醒的人身上。它会完全出乎意料地发生在一些人身上。我曾遇见过一些觉醒的人，他们从来没有修过任何法门。事实上，我还遇见过一些对灵修持否定态度的人，然后，不知从什么地方嘭的一声，觉醒降临到他们头上了。我们不能说这些人很真诚，我们不能说他们在追求灵性觉醒，或者对觉醒有任何明显的渴求。当然，大多数有过觉醒经验的人都在某种程度上渴望自己能觉醒到更深的实相。这是真的，但是问题在于，一旦我们说需要"这个"或需要"那个"，总会有一些与之相反的例子。觉醒是个谜。事实上，觉醒中并不存在直接的因果关系。如果存在直接的因果关系的话，那会是一件很好的事情，但事实上并不存在。

塔米：当你描述火箭时，你是在用这个比喻来探讨短暂的觉醒和持久的觉醒，认为持久的觉醒意味着你永久地摆脱了梦境状态的引力场，摆脱了你想要打造一个孤立的自我的种种习性。你已经摆脱那个引力场了吗？

阿迪亚：我一直都不太愿意回答这样的问题，但还是会试图加以回答。我并不觉得自己可以说，"是的，我已经摆脱梦境状态的引力场了"。事实并非如此。这正是比喻的局限。所有这些比喻、所有这些解释事情的方式，只不过是——比喻，它们都具有某种局限性。

我得说，我的经验是我不再相信我头脑中浮现的下一个想法了。我已经无法真正相信某个想法了。我不能控制头脑中会出现什么想法，但我无法相信那个想法是真实的或重要的。由于我不再紧抓着某个想法不放，认为它是真实的或重要的，这本身就会让我体验到自由。

如果有人想把这种状态称为"超越梦境状态的引力场"，也很好，但是我总是不太愿意宣称什么事情。我总是提醒每一位听众，我唯一知道的事情就是当下。我不知道明天会怎样。明天可能会出现某个想法，粘住我，把我拉入分裂与迷惑状态中。我不知道——或许会，或许不会。我无法知道这一点。我唯一知道的事情就是当下。

这便是为什么我不愿意说，"哦，是的，我已经实现某个目标或抵达终点线了"，因为我并不这么看。人们在听我讲课的时候可能会产生这种感觉，但这是语言的局限性。我真正知道的事情是我不知道。我真正知道的事情是凡事都没有什么绝对的保证。我不知道明天会发生什么，或者下一刻我会不会陷入迷惑状态。我真正知道的是，我永远都无法知道这一点。

塔米： 好的，我接受你的这个说法，你不知道接下来会发生什么，会不会出现某个魔术贴想法。但是回顾过去，你最后一次产生魔术贴想法是在什么时候？

阿迪亚： 我想澄清一下，我并没有说我不再产生魔术贴想法，或不再有魔术贴想法了。可能还是会出现某个想法，使我在瞬间产生抓取的冲动，从而体验到某种分裂感。我并没有说这种情况不会发生或不再发生了。我说的是，当它真的发生时，想法的产生与看穿它之间的时间间隔非常小。我不知道是否存在一种完美状态，在这种状态中，人类的身心系统中再也不会出现任何"粘性的"想法，或者紧抓着某个想法不放的时刻。在我看来，如果一个人依然活在人类的身体与头脑中，就意味着他时不时地会碰上这类经验。区别在于，到了某个阶段，粘性想法的形成与消失之间的时间间隔会变得如此之小，以至于想法的形成与消失几乎也是同时发生的。

所以我不会说，在我所处的状态中，再也不会产生魔术贴想法了。只不过时间间隔变得如此之小，以至于到了某个时候，你几乎看不到间隔。我想有些观念认为开悟意味着一个人已经到达了一个完美的境界，在那里，你再也不会碰到任何不舒服的事情，你的意识中再也不会出现任何虚幻的想法了——这类观念本身就是错觉妄想，开悟并不是这样运作的。

另外，那其实并不重要。当想法的形成与消失之间的间隔变得如此之小，小到很快就能被看穿时，我们突然认识到这本身就是自由的一部分。我们认识到产生一个想法没什么大不了的，因为我们不会被卡得太久，这其实就是自由的一部分。我想其余的一切不过是一种推销手段，把开悟说成某样与它毫不相干的东西。我明白，人们在听了我的讲课之后，可能会在头脑中形成一个意象，认为持久的觉醒应该是什么样的，但这并不是我想要描述的。觉醒更像是能够将分裂的想法与相信这个想法之间的间隔变得几乎不存在一样的一种状态。

塔米：我很好奇你会遇到哪些麻烦或困难的情形。在我们的谈话中，你曾经和我分享过，当你的网络或打印机出问题时，你会对电脑很恼火。那些时候你会怎么办？你会想办法消除那个间隔吗，还是它会自动消失？

阿迪亚：嗯，通常我会产生恼火的情绪。我会感受到这种情绪，但不会去判断它。这是真正的关键。并不是说我只是忽略它或不去注意它，但我肯定不会去判断它。通常，当它产生了，我只是体验它，不作任何判断，然后它就消失了。我不会把它当成一件严重的事情。

我不会产生第二个想法："哦，我不应该恼火的，"或者"我为什么恼火了？"或其他任何想法。中间会牵涉想法，因为正是想法制造了恼火的情绪，但是我看到它们并不是真的。一旦看到它们不是真的，恼火的情绪就烟消云散了。

在过去，这个过程或许要花很长时间。我需要进行更深入、更持续的探询。但正如我已经说过的那样，现在那个间隔已经变得很小了，因此事情几乎是自动发生的。从某种意义上来说，这就像是成为一名音乐家。你练习你的音阶，你练习你的音阶，你练习你的音阶，然后到了某个阶段，你已经变得如此娴熟，以至于闭着眼睛都能弹出来。对我来说，这就是探询的意义。到了某个阶段，它就那么自动发生了，几乎用不着刻意的思考。

塔米：你经常谈到想法与情绪，好像它们是同一枚硬币的两面。有没有可能一个人有时候会产生某些情绪，其中却不包含任何想法？比如当你沉浸在强烈的敬畏中或欣赏绝美的风景时，会情不自禁地热泪盈眶？在那些时刻，有没有可能你并没有想任何事情，但在情绪层面上，有些东西却不由自主地往上涌？或者你是不是相信我们事实上在想，但只是在一个非常精微又下意识的层面上想？

阿迪亚：确实存在着我所称的纯粹的感受或纯粹的情绪，任何曾在某个时刻体验过绝世美景或极度的敬畏之情的人，都知道这一点。存在着纯粹的感知，存在着并非源自于想法的情绪。确实有这种情况。然而，大多数人体验的绝大部分情绪都是思维过程的产物，它们是由想法变成的。

但是也存在着绕过思维过程的纯粹的情绪或纯粹的感受。我们的这个感觉工具，我们称之为身体的这个美丽的感觉工具，就是以这种方式与环境互动的，这是一种纯粹的互动，它不是虚拟的互动。

塔米：所有的思维都是虚拟的？

阿迪亚：所有的思维都是虚拟的，没错。

塔米：但如果有些情绪并非源自于思维，那么或许有些"腹部"经验同样不是源自于思维吗？

阿迪亚：腹部只是我们感觉世界的另一种方式。你会听到人们说："我有一种腹部感觉。"腹部感觉是一种直觉能力，也是一种本能的了解事情的方式。我们通过身体的那个部位来感觉事情——我们的腹部是一个直觉性的感觉器官。当然，我们能够感觉到头脑的产物——恐惧的想法、愤怒的想法、冲突的想法、紧缩的想法，但是腹部也会以纯粹的感觉器官的形式，对正在发生的事情作出反应。

当我们的真实自性不受想法的束缚时，就会有这类直觉经验。比如你走到悬崖边上向下张望，看到一片巨大的空旷之地。当你向下张望时，或许会感到恐惧，但是如果你足够敏感的话，或许会觉察到另一种反应，也就是你的意识或许会填满那片空旷。当我们看着巨大的空旷之地时，通常会深吸一口气，对吗？在吸气过程中，我们感觉到我们的意识正在向那个环境敞开。我们把空气吸入我们的肺部、我们的心脏中心、我们的腹部。我们的整个存在、我们的整个身体，都与环境融为一体。这类心灵敞开的经验——当肺部在意识扩展之际发出"啊"的声音时——并不是因为我们的思考而发生的，而是因为意识在与环境互动而发生的。这就是我所说的纯粹的感受或纯粹的情绪。而且，它也会表现在腹部感受上。这种感觉非常强烈，也非常美好。

这是一种非常亲密的体验。这是我们的存在在用一种异常亲密的方式体验自己。我并没有说自己对这种感受发表看法是不对的，但是一旦我们开口说话，一旦我们转向身边的朋友，有些东西就变了。对大部分人来说，这种经验稍纵即逝，然后他们转向某个人说："这难道不是很美吗？"并不是你不该说这样的话。有时候我也会对别人这样说。但是在那一刻，如果你足够敏感的话，你就会注意到你的整个内在环境开始发生改变，你开始体验到你刚才所说的话，然后你就会进入一种虚拟的体验中。这种感觉与刚才那个充满敬畏的片刻，与你的整个身体都在参与感知的那个片刻不太一样。

塔米：当一个人沉浸在对大自然的敬畏与惊叹中时，就产生纯粹的感受，但是当涉及愤怒这样的情绪时，一个人有没有可能产生纯粹的感受？你认为一个人有没有可能产生纯粹的愤怒，而且它并不是思维的产物？

阿迪亚：当然，当然。认为开悟意味着一个人脸上一天到晚挂着愉快地傻笑，不过是个幻觉罢了。我对此持不同的看法。让我们一起想象一下，我们正在一座现代的教堂里聚会，有人从后门走了进来，开始像耶稣一样大发脾气，把兑钱商们踢翻在地，厉声呵斥道："你们怎敢玷污天父的圣殿？"我的意思是，耶稣正在发神圣的脾气，不是吗？祂很生气，而且祂并不是在那里装样子。祂是真的生气了，而且他正在表达他的生气。

所以，一个人能不能从空性状态出发去生气？当然能。我们依然拥有每一种情绪，觉醒并不意味着我们的情绪要比一般人少。情绪只是存在于透过我们表达自己的一种方式。既有分裂的愤怒，也有空性的愤怒。

塔米：嗯，我如何能够分辨我感觉到的愤怒是源自于分裂状态还是空性状态？

阿迪亚：要看你心里是否有分裂感。

塔米：如果我的整个身心都感到愤怒，那么它就是空性的？

阿迪亚：我想我们全都有类似的经验，当时我们完全被愤怒吞没了，但还是感觉到分裂和冲突。有一种愤怒是——我该怎么说呢？——建设性的。比如藏传佛教中有一些愤怒的神像，在他们手中的利剑上以及头发与眼睛里都冒着火焰，但这些神像的愤怒与你平时所经验到的普通的、充满冲突的愤怒不太一样。这一点很难用语言来描述，但是如果你看着这些神像，就会发现他们所展示的是一种不同的愤怒。这不是一种消极破坏的愤怒，而是一种积极破坏的愤怒。或许我表达得不是太好，但我想要说明的是，就连愤怒的经验都能来自于一个纯粹的地方。

塔米： 我对探讨这个话题特别感兴趣，因为我过去体验到的情绪范围非常狭窄。随着我在人生道路上不断地成长，现在我已经能够体验到大量各式各样的情绪，从许多方面来说，这非常有趣、丰富、令人愉快。当我听到你说大部分的情绪体验都是想法的产物时，我想要真正理解哪些情绪体验是派生的，源自于概念，哪些情绪体验是纯粹的。我怎样才能知道这两者的区别？

阿迪亚： 请不要误解我的意思。我并不是说虚拟的情绪不应该出现，它们是不对的或次要的。比如，我能够想到我的妻子穆克缇。当我在头脑中想象她的样子，我能够感觉到自己心中涌起一股强烈又美好的爱意。我知道这种情绪体验是虚拟的。我知道它是我的头脑编造出来的，我知道它是我的思维编造出来的。这并不意味着它是不对的。但是如果我把这种爱的情绪体验当做真正的爱，那么我就活在幻觉中了，这或许是个美好的幻觉，但终究是幻觉。

我能够在头脑中创造这种意象，有时候我确实会这么做。有关她的意象或想法在我头脑中浮现，而我心中会涌起非常美好的感觉。所以，我们首先要明白，仅仅因为某个情绪体验源自于头脑层面，并不能判定它是不好的，或者我们不应该体验它。

如果我们仔细观察的话，就会看到人类所经验的大部分情绪都源自于我们在每一个当下告诉自己的各种想法。这并不意味着这些情绪是不好的或不对的，这只是个事实而已。就算我们看着某样东西，然后发现自己对它的看法，我们还是能够体验到正面的情绪反应。但如果我们深入探索自己的体验，通常会认识到我们真正体验的是告诉我们"这很美"或"那很丑"的想法。

你如何判断某个情绪是纯粹的感受，还是源自于想法？你需要去看这个情绪是否伴随着某个故事，是否包含着某个意象。如果它确实包含着意象或故事的话，那么你就知道："哦，好吧，这是我的头脑所创造的东西。事实上，我正在体验自己头脑中的想法。"这很好，你完全可以这么做。只不过一旦我们把想法当成事实，就受骗上当了。

塔米：头脑层面的纯粹感知又是怎么回事呢？一个人有没有可能拥有"觉醒的头脑"，在这种状态中，头脑不只是概念与抽象理念的编造者，同时也是一个纯粹的感觉器官？

阿迪亚：在头脑层面上，存在着对无限之境或佛教徒所称的空性的纯粹感知——对广袤无边的浩瀚之境的感知。我们并不是通过头脑中的想法去感知它的，但是我们可以说是头脑这个身体部位在领会广袤的无限之境、广袤的空间、纯粹又令人目眩的存在之光。这一切全都发生在头脑的层面上，而不是思维的层面上。与思维相比，这种感知方式是一种截然不同的心智，那是头脑作为一个感觉器官在感知无限之境。

塔米： 你提到过，所有的灵修法门最终都是为了把我们带向全然的臣服。但如果我们身上那些不愿臣服的部分是隐秘的，埋藏在我们的心灵深处，该怎么办呢？在意识层面上，我们或许已经放下一切了，但在潜意识里，我们或许依然紧抓着某些东西不放。我们如何才能让这些隐藏的部分浮现出来呢？我能够想象自己正在聆听你关于臣服的教导，心里想，好吧，我基本上理解了。我知道臣服是什么意思。但是该怎么对待我身上那些不愿臣服的部分呢？我看不到它们。

阿迪亚： 你或许什么都做不了。这是人们最不愿面对的一个事实，不是吗？给我一些东西，给我一个教导，给我一些希望。当然，我们心中隐藏着许多无意识的抓取模式——我们对这些模式一无所知。或许你暂时无法觉察到它们。仅此而已。

你会在你应该觉察到它的时候觉察到它，不会早一分钟，也不会迟一分钟。我们或许不喜欢这个事实。人们或许不喜欢听到这样的话，但是让我们来看一看自己的生活，而不是哲学、教导或我们告诉自己的道理，你就会发现这一点，不是吗？

至少在我自己的生活中，我能够清楚地看到，在人生中的某个阶段，我还不具备某些能力。它们就是没有出现，而且我也不知道怎样才能培养这些能力。在某个时期，甚至都没有人告诉我怎样才能拥有这些能力。

多年以来，我的老师曾一再地告诉我同一件事情，至少说了几百次。整整十年以后我才恍然大悟，"哦……现在我明白了，现在我理解了，现在它终于进入我心里了。"十年前我怎样才能强迫自己弄懂它呢？我似乎不太可能强迫自己。

这或许不是你正在寻找的鼓舞人心的灵性教导，但是凡事皆有时机。自我无法控制正在发生的事情，是生活在控制正在发生的事情。坚持认为必有一样东西能够立刻使我们深入自己的内心，更能使我们看清为了获得觉醒而需要看清的任何事情，是违背人们的日常经验的。

凡事皆有时机。我们无法掌控生活。这不是我们想听的话，对吗？这不是我们的头脑想听的话。大部分情况下，我们只想听能够增强我们的掌控感的话。而对于那些无法增强掌控感的话，我们立刻就把它们推到一边。

一直以来我都向人们强调这一点。一旦你开始接受你所看到的情况是真实的——不是听我说，而是通过你自己的亲身体验，一切就会开始发生改变。

有很多次，学生们跑来跟我说，"对于这一点，对于我的这部分错觉妄想，对于我的这部分个性，我什么都做不了。"他们会问，"我该怎么办，我该怎么办？"通常我会说，"嗯，让我们来回顾一下。你刚刚告诉我你什么都做不了。这是真的吗？到目前为止，有没有任何办法是有效的？""没有，到目前为止，任何办法都没有效。"而我会问："你能发现任何办法，你能看到任何办法吗？"有时候他们会告诉我，"不能，说实话，我看不到任何办法。"而我会说，"如果你真正吸取这部分经验，它正在告诉你什么都做不了，事情会怎样？如果你接纳它，而不是推开它，事情又会怎样？"

通常，当他们理解这一点时——不只是从概念上理解，不只是作为一个随时可以弃置一旁的教导，而是真正允许它进入身体中，就会真正觉悟到毫无抗拒地生活究竟是怎么回事，而这会改变所有的事情。有时候，我们试图推开的经验中包含着我们需要学习的最能转化心灵的洞见。谁会想到或看到"我什么都做不了"这个事实，将会使我们的生命发生根本的转变？从来没有人教过我们这一点。我们接受的教导也从来都是不惜一切代价回避这部分知识。就算日复一日、年复一年，它一直是你日常经验的一部分——就算你一再经历同样的事情，你还是本能地回避它，不让它进来或推开它。明白我的意思了吗？

我们全都是瘾君子。真的，我们全都和只想体验快感与自由的瘾症患者有同样的心理机制。一旦嗜酒者认识到，"我什么都做不了，"他就已经开始摆脱酒精的控制了。只要那个人还坐在那里说，"我能做到，我能掌控自己，我能找到戒酒的方法。"他不会发生任何转变。跌至人生的谷底意味着不再否认事实。我什么都做不了，然后看清楚我所在的地方。我们不需要知道太多"该怎么办。"我们需要做的是在自己面前放上一面镜子，这样我们就能看清自己。当那个嗜酒者、那个嗑药者看到他们什么都做不了。看到他们无法戒除自己的上瘾症时，只有那时候他们才开始更清楚地看到自己的真实状况。

他们会开始发生转变，这种转变不是挖空心思想出来的，也不是练习出来的，更不是基于某种技巧。对我来说，灵修意味着愿意让自己一败涂地。这便是为什么我一直告诉学生，我的法门是一个关于失败的法门，尽管他们经常把我捧上神坛，认为我已经找到了什么灵性秘诀。我尝试过的每一件事情都失败了，但这并不是说尝试没有起到重要作用。尝试确实有它的作用，努力确实有它的作用，奋斗确实也有它的作用。

但它们所起的真正作用是，最终让我看到它们没有用。我尽情地跳着奋斗之舞，直到精疲力竭，但是我失败了。在静坐这件事上，我一败涂地；在发现真理这件事上，我也铩羽而归。我用来帮助自己取得灵性上的成功的每一件事情都失败了。但是就在失败的那一刻，一切突然间柳暗花明又一村。

我们全都知道这一点，不是吗？这不是什么神圣的教义。几乎每一个人都知道这一点，在生活中，我们全都有过这样的经历，我们全都看到过这样的时刻，但是我们不想知道这一点，因为它不方便。

塔米：你建议我们问自己，"我能完全肯定什么事情？"我也想问你这个问题。有没有什么事情是你能完全肯定的？

阿迪亚：我只知道我的真实自性，仅此而已，也仅此一件。所以从许多方面来说，我是这个星球上最愚笨的人，真的。对我来说，其余的事情全都变幻莫测，其余的事情我们只在梦中以为自己知道。我不知道应该发生什么事情，我不知道我们是在进化还是退化，我什么都不知道。

但是关键在于，我知道我不知道。与你想象的可能刚好相反，这一认识并没有让我变得心灰意冷。我并没有跑到喜马拉雅山上的岩洞里去打坐，或者只是坐在沙发上对自己说，

"哦,好吧。我什么都不需要做,因为我什么都不知道。"

恰恰相反——生活需要透过我扮演一个角色,因此我就扮演了那个角色。我与生活需要我扮演的那个角色携手合作。一刻接一刻地,那个角色一直都在改变,但我与它携手合作。我不再与生活争吵了——它开始透过我扮演它的角色,现在我是在心甘情愿,而非迫不得已的情况下扮演生活赋予我的角色。

似乎当我们处在最深的同意状态中时,生活透过我们扮演的角色会给我们带来极大的满足感。它事实上就是我们一直以来就想要的一切,尽管表面上看起来,它一点也不像我们曾经想要的任何东西。

塔米:我喜欢你关于人们在获得最初的觉醒经验之后很有可能陷入的死胡同的教导。我很好奇你能不能谈论一下我经常看到的一个死胡同,也就是人们在获得最初的觉醒经验之后,往往想要肩负起某种拯救世界的使命。你是否认为这是一个死胡同,自我正在用这种方式把觉醒经验变成壮大自己的资本?

阿迪亚:让我根据自己的经验来谈一谈这个现象。觉醒并没有让我产生这种感觉。我并没有觉得自己需要出去拯救世界,但是奇怪的是,当我的老师叫我开始教学、开始分享觉醒的可能性时,我当时强烈地感觉到任何人、每一个人都可能觉醒。我能感觉到一种传教的热忱,这种感觉非常具有诱惑力,也非常鼓舞人心。当这种热忱来自于一个真实的地方时,它是很美妙的。

我浑身上下充满了干劲,尤其是在我教学生涯的头几年里。我发现它可以是觉醒的自然组成部分，因为一个人感觉到所有痛苦都是不必要的，一个人真的能够从痛苦中觉醒过来。你会因此而产生一种传教的使命感。

我沉浸在这种传教的热忱里，几年以后我发现它开始减弱了。刚开始，我就像是刚来到家里的一只幼犬，一天到晚围着你上蹿下跳，想要引起你的注意，想要你做什么。在我刚开始教学的前几年里，我觉得自己的头脑里充满了种种想法，认为哪些事情有效、哪些事情能帮助人们，而我想要与人们分享这些想法。但是两三年之后，这股能量逐渐减弱了。我开始觉得自己更像是蜷缩在主人的安乐椅边的一只老狗，静静地躺在那里，一副与世无争的模样。

在我生命中的这个阶段，传教的热情已经所剩无几了。我不再觉得有什么事情需要发生。我看到每个人身上的潜能，但已经不再感到着急了。

我把这视为一个成熟的过程。这是我们许多人必须穿越的阶段。关键是——我们穿越了吗？我们一直在前进吗？或者在某个时期，这一传教的热情是不是变成了改善自己的一个舞台？如果发生这种情况的话——如果自我把觉醒当成一个全新的、改良自己的传教舞台的话，就会导致各种各样的扭曲。

比如，我们或许开始把自己视为人类的救世主，或者认为我们的教导是有史以来最了不起的教导。据我了解，如果事情朝这个方向发展，我们就开始陷入错觉妄想中了。当出现这种情况时，通常是因为某个人的自我已经把他强烈的灵性体验据为己有了。如果这个体验中存在着潜在的能量，而这股能量开始流入自我，并就会导致某些最深层的错觉妄想。

我们时不时会在灾难性的邪教行为中看到这种情况。当很多能量流入自我，并使它陷入错觉妄想中时，就会出现这种情况。在觉察到这一点之前，你会认为自己就是人类的救世主。

然而真相是，我们当中没有谁是人类的救世主。曾经来过世间的最伟大的化身——如果这样的化身真的存在的话——就像是广阔无垠的海滩上的一粒沙子。作为人类，我们每个人只是扮演着自己小小的角色。我们只是整体实相的一种表达而已。如果我们当中有谁认为自己所扮演的角色比我们实际的角色要大——如果我们不再认为自己只是无限的马赛克图案上的一个小图片，在我看来，我们就已经开始自我膨胀、自欺欺人了。

塔米：你能不能给我一些建议，我们如何才能向人们指出这一点，告诉他们自我正在把他们的觉悟变成一种个人领地？我经常碰到这种情况，却不知道怎样有效地向人们指出这一点。

阿迪亚：在历史上，灵性传统通常会采取一些保护措施，以防止自我以这种方式利用觉悟。但是如果我们回顾灵性成长的历史，就会发现这种保护措施并不那么有效。那些有深刻的灵性觉悟的人通常是一个更大的灵性团体的一部分。甚至老师们也是老师团体的一部分。其初衷是，这样人们就能相互监督。

事实上，事情从来没有按照我们所设想的那样发生。老师可以监督他们的学生,但是一旦有人打破这个角色,就不存在太多的相互监督了。我是说,几乎在每一个灵性传统中,我们都看到过这种情况,都有一些变得自我膨胀或误入歧途的人。我确实认为我们完全可以试着把他们身上的问题如实地反映出来,而不是想要改变他们——尤其是如果我们看到某个人还没有准备好时。那时,他们是不会听你的意见的!

我很希望我有什么灵丹妙药,能够对治你说的这个现象。我前面已经提到过,作为一个老师,当我发现学生们因为自己的灵性觉悟而自我膨胀时,最困难的事情莫过于帮助他们摆脱这种心态了。我想那是一位灵性导师最难处理的事情之一。而如果一位灵性导师都很难对付自己的学生的话——他们之间已经存在某种程度的信任感,那么一个普通人走到某个人面前说,"嗨,你知道吗,或许你并不像你自己所想象的那样,是一个多么纯净无染的解脱榜样,"会有多困难?是的,这会是一件极其困难的事情。

我这么说并不是在为任何人开脱,但是我们每个人确实都有与生俱来的天性。这并不是我自己的选择,但我一直以来都是那种从来不被权力所吸引的人。我坐在你面前,是一位灵性导师,人们通常会给这样的角色赋予很大的权力。然而,我看得很清楚,真相是,除了其他人赋予我的权力之外,我没有任何权力,所有权力都在学生们的手中,知道这一点对人们有很大的好处。我的经验是,当人们给我太多的权力或权威时,我会开始觉得自己生活在一个超现实的泡泡里。在人们赋予其他人权力的背后,往往隐藏着投射,不是吗?当某个人给我太多的权力时,他们就已经在投射了,认为我跟他们不一样。我发现当一个人处在这样的环境中时，会产生一种超现实的感觉。这便是为什么我会尽可能地避免这种状况，因为它会带来一种不真实的感觉。

很明显，与我相比，其他人则更容易受权力的吸引。他们发现成为其他人正面的投射对象是一件极具诱惑力的事情。我无法说清个中的原委，只是就我个人而言，我从来都不觉得那是一件令人舒服的事情。

塔米：你在25岁那年经历了你所说的"第一次觉醒"，你提到当时你听到有个声音对你说，"继续前进，继续前进。"那个声音是什么？你会把它称为你的良知、你内在的寂静或内在的小声音吗？

阿迪亚：哪个都行。

塔米：似乎我们每个人都有这种内在的声音，然后那个内在的声音会阻止我们把灵性觉悟占为己有，变成个人的权力游戏。你听到那个声音说你的觉悟还不彻底，但是不是每个人都能拥有这种内在的声音？

阿迪亚：从某种意义上来说，是的。实际上，我们全都是一样的，因此我们全都拥有同样的潜能。然而，从相对的角度来说，问题在于每个人是否都会听到他们内在的声音。很显然，并不是每个人都会听到。

这个内在的智慧之声到底是什么呢？它便是我在谈论真诚时所指的东西。它便是我们内在的智慧，指引我们一直走在正轨上。

从某种意义上来说，我想几乎每个人都听到过这个寂静的、小小的声音。我经常举的一个例子是，你曾经跟某个男人或女人约会，结局很糟糕。你内在有个声音说，"不要再做同样的事情了。"但是后来我们又遇到了另一个人，我们没有听那个声音，我们坠入爱河。那个人很性感，我们只想跟他（她）在一起。最后，我们发现那个寂静的、小小的声音是对的，我们不应该继续与那个人约会。最终，关系破裂了，最终，那个寂静的、小小的声音赢了。

所以这个寂静的、小小的声音并不神秘。我想绝大多数人都曾在某些时候听到过这个声音。但是我们非常擅长听而不闻。我们想要那个寂静的、小小的声音证明自己——告诉我们为什么。判断我们内在的声音是不是真实的一个很好的迹象是，它从来不会替自己辩解。如果你问它，"为什么？"你只会得到沉默。如果你要它解释自己，它也不会解释。这个寂静的、小小的声音不需要这么做，也从不这么做。

如果你跟自我交谈，问它，"为什么？"它马上会答复你。如果你问自我，"这是不是意味着一切都不会有问题？"它就会给你一堆的保证。然而，我们心中那个寂静的、小小的声音对此则有一种与生俱来的无把握感。它从来不提供任何保证。那个声音是一份礼物，我们要么听它，要么不听它。

为什么我会听，而其他人不听，我不知道。我说不出为什么。我只是很高兴，就我而言，那个声音就在那里，而且我能够听到它，它一直都在我的头脑中。顺便说一下，我并不总是听从它的指引。有很多时候我并不听从它。

塔米：那个声音像一个向导、保护神，还是只是我们头脑的一部分、我们真实自性的一部分？

阿迪亚：我想全都是。它是一个向导，也是一个保护神，还是存在之流。顺便说一下，这个智慧的存在之流并不总是以声音的形式出现。你并不只是能听到它。对我来说，在某个阶段，我很少以声音的形式听到它。而在其他时候，它完全就是一个声音。正如我之前说过的那样，在我第一次觉醒的时候，那个声音对我说，"这并不是觉醒的全部，继续前进。"那是一种听觉经验。

但是现在，这个指引我的智慧更多的是以一种流动的形式出现，那更像是在感觉生活中的能量流。声音也是流动的一种表现形式。我想，当我们感觉不到生活的自然流动、向左转或向右转的流动、做这件事或做那件事的流动时，它就不得不变成声音。

我们许多人都不够敏感，无法感觉到它，因此流动就以声音的形式出现。但是对我来说，在目前这个阶段，更像是跟随生活的自然流动。正如道教徒们所说的那样，跟随道的流动。

所以它有不同的面向。它是一种流动，也是一个声音，还是一个保护你的声音、你的顾问、你的良知，但并不是社会教导我们的良知。它是一种不同的良知。因为社会教导我们的良知是我们的超我——那个良知总是包含着判断。这不是超我，而是某个别的东西。这来自于一个完全不同的存在状态。

塔米：你曾在前面谈到过，你如何发现自己不能抓着某个老师、某个法门或传统的衣角——你将不得不找到你自己的道路，以及这一点有多么重要。

阿迪亚：那对我来说极其重要。

塔米：而且你也鼓励你的学生找到他们自己的道路。我很感兴趣的是，似乎许多人，包括我自己，因为认识了你而感觉到与你的连接，感觉自己不那么孤独了，几乎就像我们既相互独立但同时又在一起。你能谈谈这一点吗？

阿迪亚：当我在二十多岁时发现我需要找到自己的道路，不能完全依赖某个传统或某位老师时，我看到了一个意象。在那个意象中，我正在太空中漫步，有一条纽带把我和宇宙飞船连在了一起。在某个时刻，我俯下身子，切断了那条纽带。我独自在太空中漂浮，没有依靠任何人或任何东西。然而，这并不意味着我离开了我的老师，这也并不意味着我离开了我的传统。我并没有排斥任何东西，只是看到，实际上，灵修完全是我自己的责任。没有哪个传统、哪个老师、哪种教导会把我从自己身上拯救出来。我认识到，我不能放弃那个权力。

当然，在那一刻我非常害怕。我想，天呐，万一我只是在欺骗自己呢？在那一刻，我认识到我知道得并不多。然而，我还是坚持认为自己要亲自验证一切。

许多人告诉我，他们视我为老师，说跟我学习的感觉与跟其他老师学习的感觉不太一样，因为我不是那种会跟学生们建立私人关系的灵性导师。每当我来到现场，就开始讲课，在讲课的时候与学生们互动，但我没有灵修中心，也没有提供可以跟学生们进行非正式交往的渠道。

顺便说一下，这并不是学生与老师之间唯一的一种关系。我想，亲密的师生关系同样起着重要的作用。事实上，当我的教学规模在几年时间内变得越来越大时，有些人开始怀念当初的小范围教学，小范围教学对有些人的确有效。我会讲课，上课结束之后，我们会一起喝茶、吃午饭或早饭，有些人喜欢这种方式。教学规模扩大之后，很多事的结构不可避免地发生了改变，对于这些人来说，这种方式不再有效了。他们不得不去找其他老师，以更好地满足自己的需求，拥有更多的亲密感。

从本质上来说，我的教学风格是让人们用自己的双脚站立，但是通过用自己的双脚站立时，他们会在彼此身上找到了某种亲密感。我在这个层面上与人们会晤，把他们看成完整、有能力的人，拥有他们或许自认为没有的潜能。而当他们站在那里，开始发现自己内在的资源时，那是我们会晤的地方。我不会在人们的匮乏状态中，在他们认为自己缺乏能力的情况下与他们会晤。他们越独立自主，就越会发现我们正在以一种亲密的方式会晤——一种非常私人的非私人方式。

当我们愿意依靠自己的力量时，就会有许多因缘前来相助——看得见的和看不见的、知道的和不知道的。关键是不要被下面这个观念困住。这个观念认为：这一切意味着孤军奋战。在某一刻里，你会体会到一种孤独感，你得面对自己，不能依赖任何老师、传统或教导——顺便提一下，也包括我的教导。突然间，你只跟自己在一起，你觉得很孤独。但是当我们面对这种状况、愿意安住在那里时，我们开始奇迹般地发现我们其实有许多同伴。有许多人正在做同样的事情。我们开始以一种不同的眼光来看待我们所学习的教导，我们开始以一种不同的眼光来看待我们的老师。从那一刻起，我们与老师的关系变得更加成熟。

塔米：在你所说的发生在32岁那年的"最后的觉醒"期间，你在其他访谈里提到过，那次经验中有一部分是看到你的前世。我知道你不太喜欢谈这个话题。

阿迪亚：是的，我们彼此很熟，所以你才知道这件事，看起来你还是会照问不误——真有你的！

塔米：你知道，传说中佛陀在菩提树下打坐，在开悟的一刹那间看到自己所有的前世在眼前闪过。我想知道你在那一时刻看到了什么。

阿迪亚：我会试着解释我体验到的事情。在觉醒的那一刻，好像我彻底脱离了我原本所认为的那个自己。我感觉到浩瀚无边的虚空。在那个浩瀚无限的虚空中，有一个你所能想象的最细小、最细小、最细小的光点。那个最细小的光点是一个念头，在那里漂浮。而那个念头是："我。"当我转过身去看着那个念头时，我唯一需要做的事情是对它产生兴趣，而这个小光点就会逐渐靠近我。那就像是靠近栅栏上的一个孔——当你的眼睛完全贴在孔上时，你就看不到栅栏本身了，你看到的是栅栏另一边的景象。

所以当"我"这个小点变得越来越近时，我开始透过这个叫"我"的小点观察。我发现在这个叫"我"的小点里，蕴藏着整个世界。整个世界都被包含在这个"我"以及这个叫"我"的小点里。事实上并没有一个我，而是一个能够进出这个点的虚空，那就像是整个世界在那里不断地生灭、生灭、生灭。

然后我注意到还有各种各样其他的点，而我能够进入这些点中的每一个，每一个点都是一个不同的世界、不同的时间，而在每一个点中，我展现为一个完全不同的人。我能够进入它们中的每一个，看到一个完全不同的自我梦境以及一个正在被梦出来的完全不同的世界。

大多数时候，我所看到的是"我"在某一世梦境中悬而未决的问题。在某些世中，存在着各种悬而未决的困惑、恐惧、犹豫与怀疑。在某些世中，悬而未决的问题是对死亡之际会发生什么的困惑感。其中有一世我被淹死了，却不知道正在发生什么，随着身体缓缓沉入水底，我感到极度的恐惧与困惑。

看到这一世以及我在死亡之际的困惑，我立刻知道自己该做什么了。我得修正当时的困惑，向我的梦境解释我已经死了，我从船上掉下来淹死了。当我做完这件事时，突然间那一世的困惑就像水泡一样爆裂了，我感觉到前所未有的自由。许多前世的梦境一一浮现在眼前，每一个梦境的焦点似乎都集中在某个冲突上，集中在某件悬而未决的事情上。我再次进入每一个梦境，解开当时的困惑。

塔米：当时你正躺在铺了地毯的地板上，闭着眼睛，还是怎么样？

阿迪亚：不，事实上，最奇怪的事情是当这一切发生时，我正在穿过客厅。我无法告诉你我走了多久。有可能是五秒钟——因为这一切发生在时间之外，我真的不知道。有可能我在客厅里走了五小时，但是我只是穿过客厅。

我并没有站着不动，我正在走路，而这一切就发生在我做这件事的过程中。我穿过客厅，来到后院，我正在做什么事情——我甚至不记得我当时正在做什么，而与此同时，我的头脑中上演着所有这些情景。我知道这听起来有点奇怪。它没有发生在我静坐的时候，它完全与日常生活融合在一起。

正如你知道的那样，我很少谈论这类事情。我不想与很多人谈论前世，尤其是那些激进的非二元主义者，他们会说没有人出生、没有人有前世、没有轮回，等等。当然，他们说的全是真的，一切都是一场梦，甚至包括前世。当我谈论它们时，我只是把它们当成过去的梦境来谈论。我梦到我是这个人，我梦到我是那个人。

就我个人而言，我从不试图收集前世的经验，用某种形而上的理念把它们包装起来。对于前世究竟是什么，我并没有清晰的理解，除了知道它也具有梦境的特性之外，它没有客观、真实的存在。然而，那是发生在我身上的经验。由于它发生了，我不能说它没有发生。但是在我自己的头脑中，我并没有去试图弄清楚这一切究竟是怎么回事，我只知道发生了什么事情。

塔米：当你看着每一个梦境时，是不是感觉到那些悬而未决的事情正在得到解决？

阿迪亚：是的。这种解决不仅发生在那里，同时也发生在现在，因为一切都是同一回事。因为凡是在那些梦境中悬而未决的事情，现在也没有解决。因为过去与现在是同一回事，两者有着内在的联系。

我之所以很少谈论前世的其中一个原因是，有些已经高度觉醒的人从来都没看见过自己的前世。知道自己的前世并不是觉醒的必要条件。我并不是一个有很多神秘体验的人。在一段相对较短的时间里，大概几个月，偶尔会发生这类经验。从那时候起，它们就时不时地会出现，但是并没有持续。它们并不需要发生，只是它们确实发生了，对有些人来说，出现这些经验并不是什么不同寻常的事情。如果人们的经验是真实的话，他们所看到的通常是他们需要看也需要释放的东西。

正如有一位了不起的佛教女住持对我说的那样，"你通常不会在某个前世中看到自己是一个多么优秀的开悟榜样，因为开悟不会留下任何痕迹，它就像是燃烧殆尽的火焰，不会留下任何业报印记。"她说如果你有任何前世的话，你很可能会看到自己是一个头号大傻瓜——我喜欢这个说法，它也符合我的经验。我并不总能看到自己是一个头号大傻瓜，尽管在有些情况下，我比头号大傻瓜还要有过之而无不及。我看到的大部分前世中都充满了困惑，也充满了悬而未决的业报冲突。

塔米：我之所以提及前世这个话题，部分原因是我曾听过好几个人这样说你："阿迪亚前世一定是个悟道者，这正是为什么他这么年轻就在灵修上获得了如此巨大的突破，能够以如此独到的方式教导觉醒。"你对这些说法怎么看？

阿迪亚：如果你要我直截了当地回答的话，那么是的，我确实看到好多世里我都在做与这一世类似的事情。但是，需要再次强调的是，我不知道前世的整个形而上学以及它们的运作原理，而且我看到，前世并不像我们通常所认为的那样，是一种线性的因果关系。事实上，我的经验是，前世并不是指发生在过去的事情。我之所以叫它们前世，只是因为那是人们通常的看法，但如果要说我的真实经验是什么，我想说它们更像是同时存在的。

那就像是你在夜里做了一个梦，梦见自己是某个人。在这个梦里，你开始记得所有这些前世。比如说你栩栩如生地记起了自己的50个前世。"哦，发生了这件事或发生了那件事。"似乎这些事情全都发生在过去。然后你从梦中醒来，躺在床上想，"哇，那真是一个有趣的梦。我梦到自己有所有的前世经验。"突然间你或许会恍然大悟，"等一下，我正在同时梦见所有这些前世。它们全都是我此时此刻梦出来的。在我把它们梦出来之前，它们并不存在。"这便是我对前世的看法。

我并不把它们视为过去的事情，因为它们全都是同时发生的，全都相互交织在一起。

塔米：你已经透过通往不同梦境的孔洞，看到了栅栏另一边的景象，那么你认为在我们死亡的那一刻会发生什么？不要说你不知道！你认为那个经验是怎样的？

阿迪亚：我不能说"我不知道"？好吧，塔米，看来我只能束手就擒了。

我从来不去想我死的时候会发生什么。如果我思考死亡，我唯一想到的是死亡只是下一个经验——仅此而已。它只是下一个经验。不可否认的是，它与此时此刻坐在这里与你谈话这个经验不太一样，它只是意识的下一个经验而已。

没有任何东西会死去。灵性不会死，但它确实会经历我们所称的死亡这个经验——身体、寿命、人格的消亡，所有这一切都会消亡。灵性或意识会经历这个经验,就像它经历出生与生存、此时此刻与你谈话这类经验一样。

此时此刻灵性正在经历谈话这个经验。如果你问我,"死亡会是什么样子?"我无法像我们通常所认为那样,把它视为真实发生的事情。我无法把死亡当成一个确凿的事实。我只是把死亡理解为一个经验,就跟下一个经验一样。知道那个经验是什么样子,会是一件很好的事情。但我并不把死亡看成是一切的结束,或者像我们大部分人所想象的那个样子。

塔米: 你认为一个人死了之后,会不会获得一些他生前所没有的经验?

阿迪亚: 觉醒便是死亡,这便是它的本质。当觉醒发生时,我死了,一切都消失了,变得一片空白。发生在我身上的正是每个人最恐惧的事情。完全的空白,绝对的不存在。虚无,虚无,虚无。在那一刻,没有前世,没有今生——什么都没有,没有意识,没有出生,没有疾病,没有虚无。零。它是每个人所害怕的一切。这便是发生在我身上的事情,这便是死亡。

这次经验让我认识到,死亡本身就是生命。我们必须死去才能真正活着。我们必须经验绝对不存在,然后才能真正有意识地存在。

塔米: 我曾听过有人这样说,"你死了之后,将会获得如此这般的经验,但是当你还活在身体里的时候,就无法知道这件事或那件事。而一旦你离开了身体,心灵就解放了,你会知道许多以前不知道的事情。"

阿迪亚： 我们全都会分毫不差地体验我们相信的一切。如果你相信那个说法，那便是你会体验的。请记住，根本没有"客观"现实这回事，根本没有万事万物必须遵循的普遍法则。它按照你在梦境中所设想的法则运作，这是它唯一的运作法则，这也是唯一正在发生的事情。所以如果一个人相信那个说法，只意味着那是意识透过他们做的一个梦，但那个梦并不比任何其他梦境更真实。

当然，在肉体死亡的那一刻，你脱离了肉体的经验。从某种意义上来说，这是一种被迫的觉醒。当肉体离开你时，人格结构也将离你而去。并不是你主动放下它，而是它被强行拿走了。在那一刻，你会获得许多全新的经验，因为很多你原先紧抓不放的东西不复存在了。你不再于梦中离开身体——它已经不在了。所以你会不会获得许多以前不曾有过的经验，当然会。

一些濒临死亡的人也是同样的情况。我曾经有过一些最美好的经验，它们来自于我跟一些濒临死亡的人待在一起的时候。我来到他们的床边看望他们，那些已经准备好死的人已经放下一切了。坐在他们床边，你能感觉到死亡正在一步步逼近，感觉到他们已经放下身体了。事实上，他们已经死了，他们已经放下身体了，而他们当中的有些人已经知道一切都没有问题。

当你有幸待在这样的人身边时，会发现一种耀眼的灵光。似乎他们的身体已经变得完全透明，内在的灵性与临在可以毫无阻隔地透射出来。身体之所以变得透明，唯一原因是那个人已经不再紧抓着它不放了。

所以，一切都很清楚了，一个人不需要等到肉体死亡的那一刻，才能放下身体。

关于作者

阿迪亚香提（这个名字的意思是"原始的宁静"）向所有寻求心灵安宁与自由的人提出了一个挑战，也就是认真对待"此生就获得解脱"这个可能性。在他的禅宗老师（阿迪亚在这位老师门下学习了14年）的要求之下，阿迪亚在1996年开始了自己的教学生涯。从那时起，许多求道者在跟随阿迪亚香提学习的过程中，觉醒到了自己的真实自性。

阿迪亚香提还著有《空性之舞》、《真正的修行》以及《坠入恩典》。人们把他所呈现的自发而直接的非二元教导与中国早期禅宗大德以及吠檀多不二论圣哲们的教导相提并论。然而，阿迪亚自己却说，"如果你透过任何传统或'主义'来理解我的话，就会完全错过我所传达的讯息。解脱的真理不是静止不变的，它是活生生的。我们无法用概念来描述它，也无法用头脑来理解它。真理超越所有概念层面的原教旨主义。你的真实自性一直安居在超然之境中——此时此刻你已经觉醒了。而我只是在帮助你认出这一点而已。"

阿迪亚香提是土生土长的北加州人，与妻子安妮（穆克缇）生活在一起，在旧金山湾区进行大量的教学活动，举办萨尚（satsangs，灵性联谊）、周末研讨会以及静修会。此外，他还经常去美国的其他地区以及加拿大授课。想了解阿迪亚的更多信息，请访问他的官方网站www.adyashanti.org。

Better系列 读者调查

感谢您参加《觉醒之后》的读者调查活动，传真或邮寄此页（附购书小票）回编辑部，即可获得神秘礼品一份（数量有限，赠完为止）。参加此次活动者还将通过邮件不定期收到Better系列的最新出版信息，敬请期待！

Step1 您的基本资料

姓名：_____ 性别：□女 □男

年龄：□20岁及以下 □20-30岁 □30-40岁 □40-50岁 □50-60岁

电话：_____ E-mail：_____

学历：□高中（含以下） □大学 □研究生（含以上）

职业：□学生 □教师 □公司职员 □机关 □事业单位 □媒体 □自由职业

Step2 您对本书的评价

您从哪里得知本书的信息：

□书店 □报纸 □杂志 □电视 □网络 □亲友介绍 □工作坊 □瑜伽馆 □其他

读完这本书您觉得：

内容：□很吸引人 □还好 □枯燥（请说明原因）_____ □您的建议_____

封面设计：□够酷 □还好 □没注意 □不好（请说明原因）_____

□您的建议_____

价格：□偏低 □合适 □能接受 □偏高 □您的建议_____

Step3 您的建议

您喜欢哪种类型的书籍：

□经管 □心理 □励志 □社会人文 □传记 □艺术 □文学 □保健 □漫画
□自然科学 其他_____（请补充）

您不喜欢哪种类型的书籍：

□经管 □心理 □励志 □社会人文 □传记 □艺术 □文学 □保健 □漫画
□自然科学 其他_____（请补充）

您给编辑的建议：_____

华夏出版社地址：北京市东直门外香河园北里4号 **Better**编辑部
邮编：100028 　传真：(010)64662584
Better编辑部 博 客：http://blog.sina.com.cn/betterbookbetterlife
　　　　　　　微 博：http://weibo.com/1617597092